国家出版基金项目
NATIONAL PUBLICATION FOUNDATION

朱旭东　丛书主编

中国教育改革开放 40 年

关键数据与国际比较卷

曾晓东　等 著

China
Education Reform
and Opening-up
40 Years

北京师范大学出版集团
BEIJING NORMAL UNIVERSITY PUBLISHING GROUP
北京师范大学出版社

丛书编委会

主　　任　顾明远

丛书主编　朱旭东

编　　委 (以姓氏笔画为序)

　　　　　王本陆　　王永红　　王英杰　　朱旭东

　　　　　刘云波　　刘宝存　　余胜泉　　余雅风

　　　　　陈　丽　　林　钧　　和　震　　周海涛

　　　　　胡　艳　　施克灿　　洪秀敏　　袁桂林

　　　　　曾晓东　　蔡海龙　　魏　明

总　序

　　今年是改革开放 40 周年，40 年来我国教育取得了辉煌的成就。现在各个教育研究机构和出版机构都在总结 40 年的经验，出版各种丛书。这 40 年的成就是写多少书也说不周全的，但我想用五句话来做一个简要的概括。

　　第一，教育观念的转变。在解放思想的路线指导下，我们对教育的认识越来越深刻、越来越全面。特别是党的十八大以来，习近平总书记提出以人民为中心、教育公平是社会公平的重要基础、教育强则国家强的主张。今年教师节时，习近平总书记在全国教育大会上的讲话中首先强调教育对新时代坚持和发展中国特色社会主义的战略意义。他指出，教育是民族振兴、社会进步的重要基石，是功在当代、利在千秋的德政工程，对提高人民综合素质、促进人的全面发展、增强中华民族创新创造活力、实现中华民族伟大复兴具有决定性意义。教育是国之大计、党之大计。习近平总书记同时指出，教育的根本问题是培养什么人、怎样培养人、为谁培养人。中国共产党领导的社会主义教育，就是要培养德智体美劳全面发展的社会主义建设者和接班人。

　　第二，教育事业的发展。40 年来，我国全面普及了九年义务教育；学前教育已提前完成了《国家中长期教育改革和发展规划纲要（2010—2020 年）》提出的到 2020 年的指标，2017 年学前毛入园率达到 79.6％；高中阶段教育基本普及，2017 年毛入学率为 88.3％；高等教育，包括研究生教育实现了跨越式发展，2017 年各类高等教育在学总规模达到 3 779 万人，高等教育毛入学率达到 45.7％。2017 年，全国有 2.7 亿人在各级各类学校学习，我国成为世界上受教育人口最多的教育大国。

第三，教育制度的创新。改革开放以来，我国逐步制定教育法律法规并不断完善。1980 年通过了《中华人民共和国学位条例》，之后，我国逐步制定了《中华人民共和国义务教育法》《中华人民共和国教师法》《中华人民共和国教育法》《中华人民共和国职业教育法》《中华人民共和国高等教育法》《中华人民共和国民办教育促进法》等，并根据教育事业的发展进行了修订或修正，使教育治理有法可依。现在希望尽早制定学前教育法、学校法，使幼儿园和学校的发展得到法律保障。

第四，教育科学的繁荣。改革开放之前，教育理论界人数很少，缺乏对教育实践中的理论问题和实际问题的研究。40 年来，中国特色社会主义教育理论体系初步形成，教育理论有了较大发展。教育科学的繁荣呈现出如下一些特点：一是改变了以前一本《教育学》一统天下的局面，恢复和创建了许多新兴学科，如教育哲学、教育经济学、教育社会学、比较教育学、课程与教学论等，研究成果丰硕；二是教育理论研究重视宏观战略研究，为我国教育事业发展的科学决策做出了一定的贡献；三是教育科学研究从书斋走向基层，教育理论工作者与广大教师共同开展教育研究，把教育改革落到实处，不仅提高了教育质量，而且积累了丰富的经验。

第五，从请进来到走出去。改革开放初期，我们打开窗户，发现世界教育已经走向现代化，于是我们如饥似渴地引进西方教育的先进理念、教育改革的经验，逐渐使我国的教育恢复起来，教育事业得到迅速发展。20 世纪 90 年代，我国教育学界开始走自己的路，创造中国特色社会主义教育理论和经验。特别是上海在 PISA（国际学生评估项目）中数次名列前茅，让外国学者对中国教育刮目相看。世界也在学习中国的教育经验。讲好中国教育故事是今后教育工作者的任务。我国多部教育著作已经被译成外文出版。2006 年，高等教育出版社就与 Springer 出版社合作出版了英文版杂志 *Frontiers of Education in China*，至今已 12 年，杂志受到外国学者的重视。这些都是中国教育走出去的标志。我们既要不断吸收世界优秀文明成果，又要讲好中国教育故事，让世界了解中国。

今后中国教育界应以习近平新时代中国特色社会主义思想为指导，贯彻落实党的十九大精神，深化教育改革，发展素质教育，推进教育公平，让每个孩子享有公平而有质量的教育。

北京师范大学出版社组织教育学术界同人，编写这套"中国教育改革开放 40 年"丛书，包括学前教育、义务教育、高中教育、高等教育、教师教育、职业教育、民办教育、终身教育、教育技术、课程与教学、政策与法律、关键数据与国际比较 12 卷。它是 40 年教育改革开放的总结，丰富了教育学术宝库。出版社要我写几句，是为序。

2018 年 11 月 5 日于北京求是书屋

目　录

引论　扩张让位于结构……　　　　1

第一部分　教育事业发展概况

第一章　40 年来教育事业的发展　　　29

　　第一节　教育体系的发展　　　29

　　第二节　教育体系的产出：15 岁以上人口的平均受教育年限及
　　　　　　国际比较　　　40

　　第三节　教育体系对"人力资本"增量的贡献　　　44

第二章　受教育机会及其分布　　　57

　　第一节　义务教育阶段的教育机会　　　57

　　第二节　高中、学前教育阶段教育机会的扩展　　　62

　　第三节　走向大众化的高等教育　　　76

第三章　教育体系的效率　　　82

　　第一节　中小学阶段的保留率和毕业率　　　82

　　第二节　高等教育的毕业生规模和保留率　　　87

第二部分　教育事业发展的支持体系建设

第四章　教育资源配置　　95

　　第一节　教育经费预算拨款制度的演变　　96

　　第二节　教育资源配置的基本状况　　98

　　第三节　教育资源配置效率在各教育阶段体现的特殊性　　101

第五章　教育投资水平指标　　113

　　第一节　教育投资的分类　　113

　　第二节　生均教育支出　　118

　　第三节　公共教育支出水平的衡量　　126

　　第四节　公共和私人对教育投资的相对比例　　132

　　第五节　不同层次教育机构的人均支出占人均 GDP 的比例　　139

　　第六节　教育经费的支出结构　　143

第六章　教师人力资源投入　　148

　　第一节　教师从业人数　　149

　　第二节　教师的学历结构　　153

　　第三节　教师的职称结构　　173

　　第四节　教师的年龄结构　　187

　　第五节　教职工结构　　196

后　记　　208

引论
扩张让位于结构······

改革开放以来，我国教育事业的各个学段经历了次序扩张的过程。在这个过程中，总体的短缺特征逐渐让位于结构性矛盾，外部资源推动的发展开始转向教育体系内部深化改革推动的内涵式发展。

一、什么是结构和结构性矛盾

结构，和"机制"一词相同，都来自对复杂机械体系运行的形象描述，它描述复杂机械体系在运行过程中，各个组成部分之间呈现的相互咬合、相互驱动的关系。"结构性"一词移植到社会科学领域，用于描述社会体系各个组成部分之间在互相咬合和驱动过程中的"匹配"现象。例如，党的十九大报告对中国特色社会主义进入新时代，我国社会主要矛盾的描述是"已经转化为人民日益增长的美好生活需要和不平衡不充分的发展之间的矛盾"，这其中涉及"供需"之间的结构性矛盾，以及在供给体系内部，地区间、各类供给间的不平衡和不充分。

结构性问题，一直是按照实践上的用法进行理解的，林毅夫的《新结构经济学》一书，将结构问题作为一个理论概念提出来，试图以此为基础，架构自己的发展经济学理论。按照林毅夫的说法，新结构经济学考察要素禀赋，即资本、劳动和自然资源及其结构作为研究的切入点，要素禀赋结构决定了一个经济体在那个时点上的比较优势，如果配之以合适的软硬基础设施，则形成了该经济体在每个时点上的最优产业结构。[①] 在林毅夫看来，结构，也是要素之间的关系，以及基于这种关系推演出来的产业体现。这个定义，与我们提出的关于组成部分之间的关系的判断是一致的。

具体到教育体系内部，结构性矛盾，实际上可以概括为从总体到某个体系内部各组成部分间的矛盾。在总体上，教育事业的"供需"间结构性矛盾，体现为优质教育的供给与人民群众对优质教育的需求之间的矛盾，以及地区之间优质教育供给水平的较大差异；在教育内部，结构性矛盾还体现为各个学段发展之间的"优先顺序"冲突，基础教育优先发展，还是高等教育优先，是很多发展中国家面临的问题，我国教育事业发展也曾经面临这样的"取舍"；在基础教育内部，结构性矛盾同样表现为优先普及学前教育和高中教育的"取舍"，也可以表现为经费与支出栏目之间的不匹配，如经费非常容易到达资产类项目，但非常难以形成教师工资支出。因此，教育事业的结构性矛盾，可以在不同层次、不同角度上描述各组成部分之间的不匹配状态。

结构，是系统各个部分之间的关系……

尤其需要特别指出的是结构性矛盾是学校内部的结构性矛盾。随着课程和考试制度改革，社会对各级学校内部的治理体系及教师创新能力的需求也凸显出来。学校内部专业组织建设、课程领导力、分散领导力的说法也开始出现，但是，学校管理、学校发展需要与现有行政管理、经费划拨体系之间的不匹配，是教育事业向纵深发展的必然体现。尽管经费筹集和使用及体制改革仍然是深化改革的重要组成部分，但学术和政策研究的重点，也不可避免地从经费筹

[①]　林毅夫：《新结构经济学的理论基础和发展方向》，载《经济评论》，2017(3)。

集、体制改革，逐渐地、部分地转移到课程建设和评估能力研究。学校内部的结构性矛盾也逐渐凸显。

二、描述 40 年教育发展：结构＋时间

鉴于教育发展具有明显的阶段性特征，每个阶段的关注点尽管有交叉，但是呈现明显的差异，因此，改革开放 30 年和 40 年所处的阶段和面临的问题有着本质的差异。改革开放 30 年时，我们面对的是一个不断扩张的教育体系，各种指标描述出来的趋势图都非常令人振奋，结构性矛盾表现为"供给—需求"之间的矛盾，以及地区间的巨大差异。到了改革开放 40 年时，发展趋势不明显了，在城市化进程不断推进、地区差异不断扩大的社会背景下，需要更复杂的概念来解释和分析分地区、分城乡的教育供给和需求等结构性指标所描述的教育状态。

（一）新的结构性问题

在对 40 年的进程进行梳理的时候，"供给—需求"之间的结构性矛盾、地区间教育机会的巨大差异已经明显缓解，过去，被基本教育机会"供给—需求"之间的巨大差异所"遮蔽"的新的结构性问题又得以凸显，这些新的结构性问题包括以下几个方面。

1. 教育经费的分配问题

虽然我国教育经费的总量还远说不上丰裕，但是，相对于 20 世纪 90 年代的巨大缺口，现阶段我国教育经费总体上已经能够满足基本要求，但是，教育体系在使用时的效率如何？

教育经费问题基本解决后，反而带来了更复杂的效率问题……

然而，"效率"的标准，以及由此带来的使用效率测量问题，要比短缺复杂得多。效率，针对生产过程或者教育过程，是指在既定成本下所能生产的最大产出量，寻求既定产出下的各种投入要素的最佳比例关系；效率还可以针对产出结果进行判断，现有的经费投

入，是否改善了社会的整体福利，这实际上是制度效率，也是分配效率。

从技术上看，现有的指标体系擅长描述经费的增长趋势，是单一维度的变化趋势，可以和学生数联系，构成生均经费数，也可以考察各类经费支出构成的变化趋势，但是，由于缺乏相应的人口收入信息，以及省级以下数据的支出类别数据，现有指标体系不具备考察教育经费分配效率的功能及分析教育经费使用效率的功能。

2. 优质教育机会的配置问题

有关教育机会配置，成为中国社会热点问题的，主要是优质高等教育机会的分配，以及基础教育阶段的择校问题。

优质高等教育招生指标的省际分配，已经成为中国社会一个特别敏感和热烈讨论的问题。以重新制订招生计划的方式配置教育机会，虽然在技术上简单，但所产生的社会影响力巨大。

结合目前正在不断推进的中央和地方事权改革方向，应该将教育机会公平配置的分析单位，从国家层级进一步下放至省级和市级，使之与事权、财权的规定相匹配。在中央政府保证基本教育机会公平的前提下，地方层面上的教育机会配置，应该积累充分的数据和证据去寻找现实的差异程度，以及监测差异的缩小或恶化情况，而不是以教育公平的原则作为操作标准。

教育机会公平是一个原则，操作标准需要奠定在更多的信息基础之上……

在基础教育阶段，大城市以极大的力度推行学区制改革，已经取得了显著成效。择校，作为一个社会问题，其社会关注度已经下降。利用"百度学术"搜索，可以发现自 2015 年起，以择校治理为标题的学术文章已经基本消失。过去三年的招生热点问题，由择校代之以民办小学、学区房价格和大城市非户籍人口入学问题。

从技术上看，优质教育机会的配置问题，需要依据学籍等带有学生背景的信息，加工成为合适的指标。但是，到目前为止，我国的教育管理信息系统（Education Management Information System，EMIS）还是以教育机构为单位进行基础报表填报，从幼儿园到大学，每个教育机构按照一套报表体系向教育部报送。在很长一段时间里，教育事业以增长和扩张为特征，这些报表体系也能够描述体系变动情况。但是，随着教育事业进入稳定发展时期，需要对教育事业的内部结构进行监测和分析，EMIS 的缺陷越来越突出，数据之间的关联性差，除报表涉及的几个截面数据外，基本上无法进行另外的结构分析。

3. 教育机构内部的结构—功能问题

教育机构内部的结构—功能问题，可以是课程与教育教学方面的，如校本课程的开设数量，学校对国家课程的分层改革方式，学生在每个层次上的分布情况，等等；也可以是教学模式方面的，如未来学校或者智慧课堂的实施情况，走班制覆盖范围和实施效果，这些学校内部的表现情况。现有的学校统计基表主要统计学校的资源情况，无法满足对教学过程进行描述的数据要求。

学校内部的结构—功能问题，还可以表现为学校内部资源配置情况。专任教师在岗状况，学校教学、后勤和管理岗位配比，教师工资各构成部分与教师配比之间的关系，这些数据都能够在现有的统计数据库中，利用学校统计基表获得。但是，我国教育统计数据的公布，仍然以省为单位汇总给出，这样，在汇总过程中，就消除了教育机构内部资源配置的基本信息，对于整体掌握学校内部教育资源的配置、监测教育经费和教师资源的配置效率是不利的。

学校内部的资源配置的分析逻辑，与政府行为分析存在很大差异······

目前，我国的一些大学也建立了和教育相关的综合性调查数据库，但是，这些数据是样本个体的教育数据，无法汇集成教育机构的调查数据，也无法对教育机构的运行情况进行统计分析。行政管理部门所需要的监测数据，仍然主要依靠督导检查的方式获得，这是一种非常落后的数据采集方式，也难以确保督导数据的系统性和部门之间的分享。如何利用常规数据搜集和分析，实现对教育机构的基本监管[①]，让现场督导发挥其寻找问题和确定优质案例的作用，还有赖于教育督导体制的深化改革。

(二)新的结构性矛盾带来的技术难题

当改革开放进入第 40 个年头的时候，教育事业发展的主题由扩张转变为深化体制改革，政策的复杂性增加了，需要更具体、深入的以数据为基础的政策分析。但是，数据管理和指标结构还远不能适应复杂的教育政策分析的需要，有四个根本性的问题就摆在研究者的面前。

第一，教育信息系统的开放性。教育政策的复杂性决定了政策制定需要建立在较长时间的调查分析之上，需要以坚实的数据分析为基础。然而，数据安全和开放之间始终存在一个艰难的平衡。于是，不同层级政府围绕信息公开，其态度和策略存在相互的"掣肘"，结果就是公开了"模糊"和"粗糙"的信息，信息公开的质量制约了该政策的效果。[②]

第二，构建"指标群"的政策依据。进入新时期，当我们对教育事业发展的宏观结构特征进行判断时，要从单一的规模和比例指标的变化，转化成对"指标群"的量化分析，以确定某个子体系的运行状况。以学前教育事业为例，过去，描述幼儿园数量变化、在园儿童数量、入园率就可以了，这是独立特征变量。如果描述结构性变

---

① 陈良雨、陈建：《教育督导现代化：制度逻辑、现实挑战与行动策略——基于教育治理能力提升的视角》，载《四川师范大学学报(社会科学版)》，2017(5)。

② 李学：《规则软约束：地方政府公务消费信息公开数据质量中的政治——基于 G 省三市的实证研究》，载《公共行政评论》，2015(2)。

化，这些独立特征变量就需要彼此联系。例如，不同所有制幼儿园的数量变化，在园儿童在哪类幼儿园注册，在不同类型的幼儿园里就读，家长和政府分别需要支付多少钱？这时，数据之间就不独立了，它们共同形成了学前教育体系的构成、运行和分配效果。

如果构建这样的"指标群"，则数据的可得性又成为问题，而数据的可得性又反映了我们国家教育信息管理系统还缺乏恰当的结构化指标群的视角。所以，这样"鸡生蛋、蛋生鸡"的循环，说明我国的数据管理还没有适应教育事业发展转型的需求，数据基础设施建设还不能适应教育发展方式转型后的信息需要。

数据基础设施建设，也需要适应教育事业发展方式转型的需要······

第三，确定阶段性特征的方法和技术。在发展问题研究中，"阶段性"是一个经常被提起的词汇，从早期罗斯托经济成长三阶段论，也叫作罗斯托起飞模型（Rostovian take-off model），到后来经济学争论不休的后期优势（the advantage of new comers），都是以发展的阶段性特征判断作为前提的。但是，阶段划分的方法和技术究竟是什么？教育发展研究显然还未提供足够的概念和方法。

缺乏阶段性特征判断的方法论，让我们的国际比较陷入缺乏"参照系"的局面。人均 GDP 或财政投入只是教育事业发展的社会背景，并不一定面临同样的教育事业发展的问题。具体来说，英、美、日、澳针对教育发展不同阶段的主要矛盾所做的制度改革探索，需要我们不仅用数据对比的方式进行国际比较，还要用比较制度分析方法，对这些国家的学术、政策、案例（判例）进行研究，验证不同阶段的结构性特征和政策要点。当我们用关键数据描述这个存在阶段性转换的 40 年历程时，应该采用怎样的数据处理手段呈现这种阶段性特征？

第四，体现对 40 年发展历程的系统解释。站在学术研究的角度去总结和分析改革开放以来教育事业发展的道路，应该在多大程度上体现学术研究所倡导的解释性和系统性思考？解释性，要求我们超越现象本身的信息呈现，利用概念框架去解读现象。而系统性思考，则是借助已有的知识体系，去对现象与事实进行解释和判断，特别是多角度的分析和判断。系统解释，是从学术角度研究 40 年发展历程的独特角度，但是，解释框架的获得取决于中国学术界对教育事业发展的整体研究水平。

改革开放 40 年，教育事业的发展成就是举世瞩目和毋庸置疑的，但是，从人口大国走向人力资源大国的过程，其解释程度在本书中如何反映，是本书面临的技术问题。

(三)时间变量的引入

40 年是一个历程，时间是描述这个过程的重要维度。它提供了理解今天教育事业发展成就的一个视角，即今天的成就是以往的努力累积的结果；它也提供了审视今天所面对的结构性矛盾的一个角度，即今天的问题，也是事业发展到一定阶段后，在大概率上无法避免的调整和改进。

在用指标去描述 40 年的历程时，前 30 年非常好看，一路向上，而后 10 年却没有延续之前的态势，有些指标可能还有下降的势头……"转折点"的确定和解释，是将时间维度引入分析的主要贡献。

教育事业的发展也在进入新常态……

由此看来，规模扩张阶段的描述是简单的、直观的，指标持续上升的趋势，任何人都看得明白，也会为中国教育事业的发展感到由衷地兴奋。发展道路也相对简单而直接，即发现事业短板，补齐它；筹集更加丰富的教育资源，提高教育的技术装备水平。但是，到了结构调整阶段，发展速度降下来了，按照时间序列描述的指标趋势不那么好看了，因为规模快速发展而掩盖的结构性问题、因为技术提升而推迟的核心问题反而凸显出来。最麻烦的，还是结构性调整阶段的解决方案不那么直接了，需要对利益格局、分配方案和资源配置进行新的设计……教育事业的发展也进入了新常态。

三、关键指标的国际比较：因果推断与解释

在纪念改革开放 30 年时，《中国教育改革 30 年：关键数据及国际比较卷》一书已经提出，中国教育"优先发展"战略取得辉煌成就的同时，教育事业发展也出现了前所未有的挑战。改革开放 30 年，经济持续增长，使得我国的社会结构发生深刻变动，形成的社会分层深刻地影响着教育机会的分布，政府在追求社会公平、社会和谐、教育机构效率等多种目标的时候，面对着协调各种目标的艰巨任务。

目标协调上的困难，使得各个阶段的教育体系在各个目标之间穷于应付，面临着来自民众、政府、教师等多方面的压力，教育体系在功能实现和运转效率方面存在许多问题。这标志着我国进入改革发展的"深水区"，在这样的关键时期，核心的问题不再是我们距离目标还有多远，为了达到这个目标，我们还需要动用多少资源……这是我们过去所熟悉的发展规划问题。由于教育发展方式的转型，核心问题也发生了调整，变成如何认识和评估我们所处的状态，如何在评估的基础上确定下一步的方向和步骤，才能够适应所处的环境，减少发展风险。

国际比较的目的，不再是发现距离，而是参照判断当前的状态……

于是，描述教育事业发展的指标，应该适应事业发展的需要，能够对义务教育、学前教育和高等教育的发展状态，结合时间序列，描述目前状态，并参考国际比较数据，对当前状态做出评估。

(一)发展导向的 UNESCO 教育指标

联合国教科文组织(United Nations Educational, Scientific and Cultural Organization, UNESCO)成立于 1946 年，是联合国(UN)下属的专门机构之一，是各成员国讨论教育、科学和文化问题的国

际组织。

UNESCO 成立伊始，就立意高远，将自己的使命界定为"于人之思想构建和平"，站在人类发展的高处讨论人类需要什么样的教育、科学和文化。尽管对理论的讨论也非常有价值，但是，教育事业的发展毕竟有许多现实的问题需要解决，这些问题包括：我们发展教育需要多少钱，多少教师？需要建立多少教师教育机构才能满足需要？

1. UNESCO 教育指标的特征

为了回答这些问题，UNESCO 根据 1958 年第十届大会通过的关于国际教育统计标准的建议，于 1976 年推出了"国际教育标准分类"(International Standard Classification of Education，ISCED)，开始使用教育统计指标来描述各国教育规模的发展，以及教育机会的获得情况。同时，为了响应当时民族国家纷纷独立，发展自己国民教育体系的现实需求，UNESCO 于 1963 年成立了国际教育规划研究所(Institute of International Educational Planning，IIEP)，为成员国培养进行教育发展规划和分析的人才，并传播和教育发展规划有关的知识。

IIEP 成立后，发表了影响深远的报告《教育规划：问题与前景》(*Educational Planning：A Survey of Problems and Prospects*)，审视了过去 10 年来教育规划的经验和发展，对今后 10 年教育规划可能面对的趋势和问题进行了评估，最重要的是提出了 IIEP 的教育规划指南，帮助各国制定有助于教育事业发展的教育规划和合适的教育战略。

IIEP 提出的教育规划指南，从性质上说，是为了扩张的规划(for expansion)，帮助成员国的政策制定者利用统计指标和背景信息，确定恰当的发展战略，确定发展的要素需求，包括校舍、教师、图书馆、体育馆……

IIEP 教育规划的方法，可以概括为"要素的经验性估计"，其原理是：在说不清机制的情况下，假设机制合理，寻求集中趋势，同时，为了去除规模差异，利用比例关系进行经验性探索。

IIEP 的规划模式是为了教育规模的扩展而对教育要素进行预测，因此，它的指标体系是对各个教育要素变动状态的描述。我国的指标体系也是按照这个模式建立起来的，主要由四个指标模块组成。

模块一：有多少儿童入学，分布在哪个年级？

模块二：该教育体系需要多少教师，分布在哪个年级和科目？

模块三：该教育体系需要多少建筑设备和设施？

模块四：该教育体系需要多少经费支持其正常运转和发展？

在每个模块下，再加入人口、社会和地理因素，形成分地区、分城乡和分民族的学生、教师、设备和设施。当然，最后归结为经费投入和支出数据。IIEP 指标体系的特点，仍然是利用总量的横切面数据，在学生、教师、资产和经费等不同层面上进行横切面分析，各个模块之间的连接性很差，无法建立起这些截面之间的逻辑关联。

2. UNESCO 教育指标的独特功能

以发展为导向的 UNESCO 教育指标体系，由于发展中国家的政治和法律体系不健全，教育发展规划不断落空，而发达国家的教育扩张逐渐结束，随之而来出现了"过度教育"问题。教育发展问题在 20 世纪 80 年代遇到了扩张之外的结构性问题，于是，UNESCO 提出"处在十字路口的教育规划"，开始经历艰难的转型。

1999 年，UNESCO 在加拿大蒙特利尔成立了统计研究所（UIS），其统计指标一直围绕着 UNESCO 的使命进行重构，即公平以及由此延伸出的可持续发展的教育。指标重在描述性别和族群之间的公平，以及处境不利群体的教育机会。

（二）结构调整导向的教育指标

世界银行（World Bank，WB）成立于 1945 年 12 月 27 日，是国

际复兴开发银行(the International Bank for Reconstruction and Development)的简称，它是联合国属下的负责长期贷款的国际金融机构。WB 是根据 1944 年美国布雷顿森林会议上通过的《国际复兴开发银行协定》成立的。

1. WB 教育指标的特征

WB 并不是教育专门机构，它的使命是通过对生产事业的投资，资助成员国的复兴和开发工作。教育，作为发展的组成部分，也经常被纳入 WB 的项目范围中。不过，WB 还是按照银行的规则来运行项目，通过对贷款的保证或参与贷款及其他投资的方式促进外国投资，当成员国不能在合理的条件下获得私人资本时，则在适当条件下以银行本身资金或筹集的资金及其他资金，给予成员国直接贷款，来补充私人投资的不足。尽管 WB 提供低息甚至无息贷款，但它毕竟要求还款。因此，它在选择项目分析的教育指标时，会强调成本和收益。

WB 对教育指标的贡献，主要是推动了教育收益模块的不断发展。教育的收益，虽然在教育经济学中表现为终身收入的增加，但是，那是教育的个人收益。WB 引入教育的社会收益的概念，并且得出结论：初等教育虽然没有个人收入上的优势，但社会收益非常高，正好是政府财政投入应该支持的项目。

WB 引入教育的社会收益的概念，加入性别和地区分布，使其更具有社会投入的意义。在技术上，将"能力"和"素养"等纳入教育指标体系。

2. WB 教育指标的独特功能

由于引入教育投入的社会收益作为评价教育经费的标准，因此，WB 在 20 世纪 80 年代进行了根本性的改革，特别是 1986—1995 年期间，其教育投资战略发生了巨大转型。对 WB 教育政策的演进进行详细分析的菲利浦·W. 琼斯(Phillipe W. Jones)将这个转型描述为从发展到改革(from development to reform)，其主要目的就是为结构调整进行贷款(lending for structural adjustment)。

从发展到改革的转型，WB政策上的改变，就是将结构调整作为发放贷款的重点。世界银行在其报告中对结构调整贷款进行了解释：先前的项目主要设计为满足当前紧急的需要，其结果是，项目集中于评估当前的困难，而不是着眼于发现这个国家正在出现的、长期的结构性问题。促进结构调整贷款就是扩大多年项目的比例，以连续多年的贷款项目促进这些国家实现结构性调整。

那么，WB所指的结构性问题究竟是什么？

第一，初等教育和高等教育之间的结构性矛盾。在发展中国家，在赶超发达国家的战略中，高等教育培养人才的功能得到重视，属于非常迫切的社会需求，占用了大量的资金。与此同时，对社会长期发展起关键作用的普及初等教育的工作，却没有成为资金支持的重点。初等教育和高等教育之间的关系失衡，是最突出的结构性问题。

第二，高等教育资助和需要之间的差距。如何甄别真正需要高等教育资助的学生？如何减少把宝贵的资源分配给并不特别需要的人的情况？资源配置和实际需要之间的不匹配，实际上反映了资源配置效率的低下，WB发现的发展中国家在资源配置过程中，稀缺和浪费同时存在的状态，是普遍的结构性问题。

第三，管理主体和实施主体的分离。在教育实践中，学校和教师是教育的主体，但是，关于教什么、怎么教，却往往由地方教育行政部门代替学校做出，这不仅造成学校缺乏自主性，更重要的是使得学校以地方教育行政部门的指令作为最优先级，而忽视了学生及其家庭的需要。这种权力的错配，直接导致"听见学生声音运动"，是公共教育体系的典型结构性问题。

为了解决这些结构性问题，WB采用了有针对性的政策包(a uniform package of policy)①，即：①补偿高等教育的成本，再分配到社会收益更高的初等教育和中等教育中；②培育教育，特别是高等教育的信用制度，实施选拔性的奖学金制度；③公共教育管理分权化，鼓励非政府和社区支持的学校的扩展。WB 用贷款政策激励受援国调整教育发展战略。

在这个过程中，教育发展的价值观发生了根本性的调整。著名的教育经济学家萨卡洛布洛斯(George Psacharopoulos)认为，WB 的调整战略使得教育政策对经济学四个基本问题，即生产什么、为谁生产、生产多少、如何生产的思考有了新的视角，基本假设发生了如下调整。

(1)当前的教育财政安排也会导致公共支出的不恰当使用，过多地补贴高等教育，而不重视初等教育经费的充足提供。(生产什么)

(2)政府不要漠视家庭为教育提供资源的意愿。(为谁生产)

(3)政府对高等教育的补贴刺激教育需求，导致过度教育。(生产多少)

(4)学校资源并没有被有效地使用，这种现象可能因学校间缺乏竞争而强化。(如何生产)

自人力资本理论提出以来，世界各国都经历了教育的急速扩张阶段，公共教育支出通过投资公共教育，实现了智者先贤梦想的"有教无类"的思想。20 世纪 80 年代 WB 结构调整，开始用"成本—收益"的概念约束公共资金的使用，建立了与经济学基本问题相适应的假设，由此开启了 20 世纪 90 年代的"问责"和"效率"的阶段。WB 的结构调整和政策工具包，不仅让我们看到了其在公共政策方面的技术导向，而且使我们意识到，在教育发展的数量扩张阶段，可以根据发展目标，依赖经验性数量估计的技术手段，规划教育发展的要

---

① Phillipe W. Jones, *World Bank Financing of Education*：*Lending*，*Learning and Development*，Routledge，2007，p. 160.

素投入。但是，到了教育改革阶段(结构调整阶段)，简单的数量计量技术就不够了，需要对改革的基本命题有充分的认识和研究，需要积累较多的案例和数据，才能确定合适的"结构调整政策包"。毕竟，结构性调整过程中，调整什么，调整的优先顺序如何确定，就需要更多的案例积累，以及更多的社会共识。

(三)监测和诊断导向的 OECD 教育指标

经济合作与发展组织，简称经合组织(Organisation for Economic Co-operation and Development，OECD)，成立于1948年，最初的名称是欧洲经济合作组织，主要宗旨是协调第二次世界大战后重建欧洲的《马歇尔计划》，后在1961年改名为经合组织，为全球30个市场经济国家组成的政府间国际经济合作组织，总部设在巴黎。OECD的宗旨是帮助各成员国的政府实现可持续性经济增长和就业，成员国生活水准上升，同时保持金融稳定，从而为世界经济发展做出贡献。由于其成员国中的绝大多数都是高收入国家，因此，OECD又被戏称为"富人俱乐部"。

为了实现其宗旨，OECD秘书处对成员国面临的经济与社会发展问题非常敏感，并且提供了一个公共问题分析的框架，在此框架内成员国可以交流经济和社会发展经验，研究趋势以及分析和预测经济发展，为共同的问题寻找答案，协调在国内外政策中的合作实践。它也像其他国际组织一样，促成成员国达成没有约束性的建议(软法律)或是有约束性的条约，但是，它并不依赖这种做法，它更看重信息交流的作用。50多年以来，OECD已经成为世界上最大和最可靠的全球性经济和社会统计数据的来源之一。OECD的数据库拥有跨越地域的数据，包括国家账目、经济指标、劳动力、贸易、就业、移民、教育、能源、健康、工业、税收和环境。OECD借助自己的研究和分析报告，对成员国乃至世界各国的公共政策和经济政策产生影响。它采取的是典型的"智囊"或者"智库"的操作模式，不通过约束实现行动，而是用理性和专业推动政策进步。

1. OECD 教育指标的特征

OECD 在 20 世纪 60 年代，也曾受到发展规划模式的影响，推出了"地中海规划"模型，但是，很快它就感到这种发展模式与其对市场经济的信仰有偏离，没有继续沿着发展规划的技术路径走下去，开始了它对教育数据和指标以及教育公共政策框架的探讨，直到 1993 年推出第一版《教育概览》(*Education at a Glance*)，开启了围绕公共政策的基本框架建立教育指标群(indicator in suite)的国际教育政策讨论模式。

《教育概览》最初是每两年出版一次，到 2003 年，开始每年出版一次，其指标结构已经稳定下来。它以教育的公共政策问题作为逻辑起点，架构其教育指标体系。

公共政策的第一个问题是：教育体系为社会提供了多少受过教育的公民，该单元考察教育产出，包括教育体系的产出以及教育产出对劳动力队伍的影响。在 2017 年的《教育概览》中，这部分的指标包含以下几项内容。

A1：成人的受教育水平

A2：高中教育的格局

A3：第三级教育的格局

A4：家庭背景对学业成绩的影响

A5：教育成就对劳动力市场参与的影响

A6：教育带来的收入优势

A7：教育的投入激励

A8：教育的社会收益

A9：第三级教育的完成情况

从指标的设计看，指标单元 A 的落脚点是教育，尤其是高中教育(分流点)、第三级教育(竞争性起点)对就业和社会的影响。这是非常具有公共政策意义的话题。

公共政策的第二个问题是，为了支持这样的教育体系，各个国家提供了多少资源支持？其中，各级政府提供了多少？家庭提供了多少？在学龄人口不断减少、技术不断进步的背景下，教育支出栏目发生了什么变化，以应对教育环境的变化？该政策话题回答教育供给体系的多样性，以及政府教育财政与家庭教育支出之间的关系。在2017年的《教育概览》中，这部分的指标包含以下几项内容。

B1：生均成本

B2：教育投入占GDP的比例

B3：公共和私人投入的比例和项目

B4：公共教育投入总量

B5：第三级教育中的学生支出和所获得的公共支持

B6：教育支出中的资源和服务类别

B7：影响教育支出的因素

从单元B的指标结构看，该单元的落脚点是教育投入的公共与私人、不同支出类别之间的关系，它反映了供给体系主体之间的关系，以及支出类别之间的关系，重点关注第三级教育中家庭和公共支持之间的结构特征。

公共政策的第三个问题是，为了支持这样的教育体系，应该配置多少教师资源？教师的质量如何？教师的工作环境和工作负担如何？OECD在这个专题下开展过长期的专题研究，指标群的设计和选择反映了OECD在教师资源配置上的独特见解。在2017年的《教育概览》中，这部分的指标包含以下几项内容。

C1：教育机会

C2：早期教育体系的国别差异

C3：第三级教育的机会

C4：海外学习

　　C5：15～29 岁年轻人的学校与职业世界的转换

　　C6：成人教育与学习

　　指标 C 单元关注的是非普遍性的教育机会的分布，如早期教育、第三级教育和海外学习，教育机会的获得情况对年轻人进入职业世界的影响，以及这种影响能否通过成人世界的教育和学习获得补偿。

　　OECD 考察的第四个教育政策话题是学习环境和学校组织。在外围制度安排已经趋于稳定，以及能够支持教育体系平稳发展的情况下，体系的扩张、资源配置杠杆等对教育质量的影响，已经从外围制度环境转向学校组织层面及其内部。公共政策关注在学校内部，各个要素的配置水平，以及教学过程的组织特征。单元 D 的指标包括以下几项内容。

　　D1：学生在校时间

　　D2：大班额和生师比

　　D3：教师工资

　　D4：教师的时间分配

　　D5：教师的特征

　　D6：中小学校长的特征和职责

　　OECD 使用这个指标单元，实际上是将公共政策的落脚点，由制度环境引入校内组织：在变化的环境中，学校组织教学的过程具备怎样的特征？和其他经济过程分析的指标不同，教学组织过程的分析更多地使用了时间变量，对要素如教师和校长，使用特征进行分析。

　　A、B、C、D 四个单元的指标，看上去是罗列出来的，实际上，它们之间有一个系统的内部逻辑，这个逻辑可以用一个二维矩阵来表示(见图 0-1)。

➡️产出及其影响因素

	1. 教育和学习的产出	2. 影响教育成果的政策杠杆和环境	3. 情境化政策的前因或约束
Ⅰ. 学生的教育和学习	1.Ⅰ 个体教育成果的质量和分布	2.Ⅰ 个体的态度、参与和行为	3.Ⅰ 学习者背景
Ⅱ. 教育环境	1.Ⅱ 教学质量	2.Ⅱ 教与学的实践和班级气氛	3.Ⅱ 学生的学习条件及教师的工作条件
Ⅲ. 教育服务的供给	1.Ⅲ 教育机构的产出和机构绩效	2.Ⅲ 学校环境和组织	3.Ⅲ 供给者及所在社区的特征
Ⅳ. 教育体系	1.Ⅳ 教育体系的整体表现	2.Ⅳ 系统的制度安排、资源配置和政策	3.Ⅳ 国家的教育、社会、经济和人口特征

（左侧纵列标注：分析的层次）

图 0-1　OECD 指标体系的内部逻辑

由此矩阵可以看出，OECD 指标关注多个层次的主体，从个体到组织，再到整个体系；从横轴看，OECD 的基本逻辑是"投入—产出"框架，但是，在这个框架的基础上，杠杆和约束被分别引入，作为影响产出的变量。

2. OECD 教育指标的独特功能

由以上对 OECD 指标的简单介绍可以看出，OECD 教育指标是围绕政策话题展开的，一个政策话题需要有内在逻辑关联的指标一起加以阐述，因此，这些指标就构成一个单元，被称为指标群。

下面以总量指标"教育经费投入"和"结构性指标"为例，来说明 OECD 教育指标的独特功能。教育投入政策的内在逻辑是：支持一个国家的教育体系需要多少资源？政府支出多少？家庭支出多少？政府支出规模合理吗？

OECD 发布的《教育概览》，选用了一个国家一年所创造的财富中，拿出多少用于支持自己的教育体系，即总和教育支出（家庭和各级政府）占 GDP 的比例，包括各级政府支出占教育总支出的比例、占财政支出的比例，家庭教育支出占比，以及家庭支出的支出途径，是给了公立教育机构，还是给了校外的培训项目。

这样的综合指标单元能够起到单个指标无法起到的作用。例如，OECD 通过对各成员国过去 20 年教育经费投入数据的分析，发现大多数 OECD 国家公共教育投资占公共支出的比例一直在增长，但是，公共教育投资占 GDP 的比例却在下降，政府教育经费增长落后于经济增长速度。

与此同时，数据还展示了这些国家家庭教育支出在教育支出总额中所占比例不断增加。如果仅从数据趋势进行判断，我们容易得出政府开始不重视教育了，家庭不得不承担更多的支出，政府努力程度不够等结论。

OECD 将更多指标引入，以进一步寻找因果关系。教育支出的规模主要由学龄人口的规模决定，如果每个 OECD 国家的人口结构用 OECD 的平均水平加以调整，则德国、日本、意大利等国的教育支出规模占 GDP 的比例至少提高 15 个百分点，而墨西哥和土耳其等人口构成年轻的国家可以下降 30 个百分点。

再看家庭教育支出增加的原因。发达国家人口老化、教育普及程度已经很高，在没有什么教育技术的进步导致教育支出明显增加的情况下，这些特征决定了教育支出规模趋于稳定。这是政府支出落后于 GDP 增长的主要原因。但是，高等教育的入学率还在增加，高等教育在支出结构上的比重也在增加，在大多数国家，高等教育的成本中，家庭承担较高的份额。这样，教育支出、人口数据、分阶段支出、平均数估计等同时使用，建立起了因果关系的探究通道。

多年来，OECD 始终坚持自己"智囊"的定位，为发达国家提供决策的基础，但是，它本身并不参与决策。因此，OECD 不提供教育规划的模板，而是把自己的注意力放在奠定规划的知识和信息基础上，主要的方法便是一定框架下的大规模制度扫描和坚实信息基础上的大规模比较。这样做的目的是在信息基础上，形成对未来发展方向的共识。

四、本书采用的教育成就指标

如何确定关键指标？最简单的办法是立足现有的国家教育管理信息系统(EMIS)，按照国家教育指标体系，描述过去 40 年的变化。但是，现有指标的主要结构仍然是按照 UNESCO 的教育指标来确定的，主要适应扩张阶段表征教育事业发展的需要，无法适应分析供给、需求的结构性特征的需要。

在总结了 UNESCO、WB 和 OECD 的教育指标后，可以得出结论，即教育指标的选择取决于：(1)研究的目的。研究是为了说明事业发展迅速，还是用于说明事业发展结构，评判教育事业当前阶段的特征。(2)教育事业发展的阶段。教育指标分析的核心功能是为政策分析奠定坚实的政策基础，政策话题决定了指标的选择和指标群的构成。(3)数据的可得性。我国的数据搜集渠道还比较单一，机构数据多，汇总数据多，个体数据少，原始数据少，这使得很多指标在逻辑上迫切需要，但是数据无法支持。例如，财政学前教育直接投入教育机构和补贴家庭的数量。

综上所述，本研究在进行指标选取时，立足于我国教育事业正处于深化改革、结构性调整的时期，努力用有限的数据，分析我国教育事业发展的趋势，以及面临的结构性问题。

(一)确定教育指标的框架

如前所述，确定教育指标的框架，来自教育政策分析的需要，而教育政策的框架又主要来自"供给—需求"的基本原理，以及资源配置中的"成本—收益"分析。因此，按照供给、需求分析的逻辑来确定，供给应该包含供给能力(财政和社会力量)、供给体系(多阶段、多类型供给机构)所形成的多种结构性问题。按照"成本—收益"分析的框架，就应该分析各类教育机构的供给效率(绩效效率和分配效率）。当然，以上框架中，还需要引入地域和时间两个维度，去反映时间变化和地域间的差异，充分利用具有时间序列的综合调查数据库和专业数据库所提供的数据，全面和多角度分析我国社会目前的教育供给状态与教育需求的匹配性和矛盾性。

于是，指标主要体现结构分析的需求，围绕四个主要的政策问题设计和选择，包括：（1）教育事业的发展为社会提供了多少受过教育的劳动者？（2）为了支持教育体系的运行，中国社会包括各级政府和家庭投入了多少财富？（3）教育体系运行需要多少人力资源的投入？（4）如何去判断教育体系的投入和产出效率？

与此相应，本书通过三个主要的指标单元，去揭示改革开放 40 年来教育事业发展的趋势，以及积累起来的结构性特征。这三个指标单元的结构和逻辑如下所示。

A：教育体系的产出

A-1：教育体系对劳动力队伍存量的贡献

A-2：教育体系每年的边际贡献

A-3：高中及以上教育水平的劳动者数量及比例

A-4：高等教育毕业生的专业分布

以上四个指标有不同的功能。教育体系每年对劳动力市场的边际贡献率，不断提高劳动力队伍的受教育水平，改变着劳动力质量的分布，对分析产业发展和劳动力政策都有很高的价值。而高中及高中后教育机会的扩展、高等教育机会的分布，在改革开放 40 年的演进过程中，更是凸显了中国人力资本存量的变化，反映了教育为经济和社会发展所做出的贡献。理工专业教育背景的劳动者数量，是 OECD 的一个指标，它反映了与我国制造业大国相匹配的专业人力资源的基础。

B：支持教育体系运行的资源

教育事业对任何一个国家来说，都是一个昂贵的事业。那么，每一个国家从每年创造的财富中，拿出多少支持教育下一代的事业呢？这样的支出规模对于政府和家庭来说，政府拿出了多少，家庭支付了多少？是否可以用一些指标来评判政府和家庭的代价？支出单元的指标有四个。

B-1：教育支出占 GDP 的比例

B-2：生均教育经费

B-3：公共和私人对教育的投入

B-4：教育经费支出结构的变动

以上四个指标，集中在一起，试图回答在过去 40 年的时间里，政府和家庭为培养下一代付出的努力。其中，指标 B-4 还说明了教育支出的结构，即随着时间的推移，教育环境和技术水平都在发生变化，那么，教育经费支出的结构呈现怎样的变动趋势？

鉴于教师在教育事业发展中的阶段重要性，本书中，我们将教师资源单独作为一个单元，分析支持教育系统的发展，需要配置多少高质量的教师。

C：支持教育事业发展需要的教师资源

教师，和所有的劳动力一样，其本质是完成生产过程或教育过程必不可少的"引致需求"，这种经济要素的属性决定了其价格形成的过程，存在与市场"供给—需求"原则不一致的地方。因此，劳动力市场的集体协商、政府对劳动和工作条件的管制，就成为非常普遍的制度安排。

在教育领域，由于政府是主要的教师需求方，政府确定教师资源配置的标准、方式和工资水平，因此这样看来，教师资源的配置仿佛完全和市场无关。但事实上，"市场之手"总是在我们意识不到的地方发挥作用。在教师资源配置单元中，用以下几个指标描述教师资源配置的基本问题。

C-1：教师的质量(学历)

　　C-2：教师的经验（职称和年龄）

　　C-3：教师的配置标准和实际分布

　　C-4：教师的工资

　　以上四个指标分别描述了教师队伍的质量门槛，教师队伍在职形成的人力资本，教师的工作条件和实际人口分布对教师工作的影响，以及教师工资和对教师工资的评价。

　　（二）数据来源

　　本书数据主要来源于国家教育统计数据，以及与教育有密切联系的国家和地方政府统计数据，同时包括一些行业调查数据和社会调查数据，以提高描述的完整性。

　　对数据之间的结构性特征和数据之间的因果关系进行推断，还需要借助一些估计数据。在 OECD 和 UNESCO 的统计分析中，使用估计数据是普遍的做法，只要估计所依据的基础是合理的，那么，这种估计就可以充当因果关系推断、结构性判断的依据。

　　然而，回顾和总结教育体制改革和发展的 40 年进程，还要有一个正确的方向和方法。我们认为，正确看待改革，不能没有全局的观点，不能离开动态的、发展的眼光，不能没有历史的回顾与比较分析。数据和指标能够描述趋势，但对于趋势，仍然需要我们使用概念框架，以及特定的视角去判断，并且对判断的概念和视角做出说明。

　　从研究方法上看，新时期的主要矛盾是以往发展过程累积的结果，隐含着时间演进的概念。于是，研究方法应该满足时间序列分析的需要。从研究视角上看，主要矛盾的审视，不仅应该有宏观视角，更需要在微观层面上发现宏观结构性问题的微观基础，宏观、微观要互相补充。因此，教育事业的成就研究应该是教育事业的宏观结构与微观基础的时间演进研究。

　　单一指标描述趋势，单元指标群重在描述格局。改革开放 40 年关键数据的国际比较，和 30 年相比，在比较分析的理念上又进了一步，不仅反映了中国教育事业取得的成就，而且指出了中国教育发展的差距，将数字比较、指标比较与格局比较相结合，用数据和指标说明教育理论、教育方法、教育内容乃至教育体制诸方面所存在的差异，努力使教育理论研究与宏观数据分析得以"链接"。

透过数字比较发达国家与我国的教育体系，还能够发现二者在指标体系方面的差异。教育体系的改革，不仅仅是教育思想、教育制度的改革，而且是相应的技术和方法的改革。教育体系作为社会经济发展的重要的支持性体系，其功能需要不断改善，而只有发现功能缺陷的方法和解释，才能够找到功能改善的途径和"药方"。从这个角度讲，为科学的教育决策奠定适当的知识和信息基础，其作用恰恰是对"机理"认识的提高和"诊断"工具的改进。只有对教育体系运行方式有更清晰的认识，找到诊断工具，我们才可以说为科学决策提供了基础。

本书将分析 40 年来教育的成就。如果说教育体系扩张阶段是一个国家的人力资源发展战略的体现，是从人口大国向人力资源强国转变的进程，那么，深化体制改革、进行各种结构化调整的阶段，则是政府、社会和家庭在教育下一代问题上，在目标、机制和治理方式方面的自我完善进程。这更需要时间和耐心，更需要使用指标分析工具，看到发达国家教育现状的完整"格局"，借助指标分析"工具"带给我们的"慧眼"，去发现这个"格局"背后的支持体系、运行原则和理念。

在改革开放 40 周年之际，深化体制改革面临的问题和挑战极为复杂，需要达成改革共识，需要坚实的信息分析去奠定和夯实社会共识的基础。在信息基础之上构建概念和共识，无疑是理性分析和判断教育体制改革走向的前提。

第一部分 教育事业发展概况

如何描述教育事业的概况？一般来说应从水平和结构两个维度展示。OECD教育指标还从发展的角度，看边际增量部分对既有体系的影响。本书第一部分是教育事业发展的概况，用三章的篇幅说明教育体系的发展格局，教育体系对劳动力队伍的贡献，以及教育体系的边际增长部分对存量的影响。

第一章
40年来教育事业的发展

公共教育制度的广泛建立和扩展，是20世纪人类社会取得的巨大进步之一。教育，作为人类社会行为的组成部分，其职能在两个方面得到凸显。一是有效地创造和传递知识，以便让年青一代能够在已有的知识积累基础上，创造新的知识。于是，教育体系面临着鼓励年轻人创造知识、重新建构教育体系及公共教育制度的使命。公共教育体系的改革，已经成为国际性的热点命题。二是有效地传播知识，使新知识和新技能的应用，获得社会整体在氛围和生产方式上的配合。在持续地扩大受教育机会、提高社会整体受教育水平的边际效益不断递减后，各个国家的教育体系面临着发展目标的重新梳理，试图通过更多元化的教育目标，将能力、人格、技能的培养纳入教育目标体系。

那么，40年来，我国教育体系的规模水平发生了怎样的变化？

第一节　教育体系的发展

教育体系的不断发展，是指构成教育的各级各类机构和在这些机构中接受教育的各级各类学生规模的发展。该指标从总体上描述了教育供给的特征，即全国有多少教育机构，它们分布在哪里，为多少学生提供服务。

一、普通中小学学校数和校均规模

普通中小学是整个教育体系的主要构成部分，也是中国政府为公众提供的基本公共服务的构成，是能够延伸至社会最末端的公共服务体系。

改革开放 40 年来，中国各级政府共同努力，根据政府财力，使用不同的社会动员策略，建成了世界上规模最大、分布最广的教育供给体系。从改革开放之初恢复教学秩序，规范办学状况，扭转"文化大革命"期间"村村办初中"的低水平盲目办学状况，到整顿后规模急剧缩小，再到发动人民群众办教育，以及完整建立起基础教育体系，整个过程可谓"跌宕起伏"。近 10 年，学龄人口规模的减少，以及快速的城市化进程，又给我国基础教育供给体系带来了新的影响，供给体系又在发生变化。这个过程可以通过图 1-1 形象地描述出来。

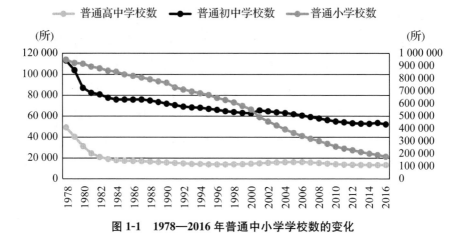

图 1-1　1978—2016 年普通中小学学校数的变化

注：小学的数量由右轴表示。

从图中可以看出，1978—1982 年，中小学学校数处于急剧减少的状态，政府关闭了很多不具备办学条件的学校，开始按照教育规律为公众提供具备基本办学条件的学校。

从 20 世纪 80 年代中期开始，普通高中的规模一直稳定在 1.3万～2 万所，尽管在此期间普通高中在校生规模从 1983 年最低谷629 万人上升到 2007 年的最高峰 2 522 万人，然后，又降低到 2016年的 2 367 万人。这也可以说明，我国普通高中学校的规模一直在提高，校均学生数一直在提高，从校均规模 300 多人，扩大为校均规模 1 800 多人。详细数字见表 1-1。

初中学校数也经历了同样的变化。在 20 世纪 80 年代中期完成规范办学后，普通初中校稳定、持续地处于减少的过程中，在2000—2006 年出现过小幅的上升，但是，很快又进入下降通道。在20 世纪 80 年代中期，普通初中校有近 8 万所，到了 2000 年普及九年义务教育的关键期，维持在 6.3 万所的水平。之后，随着初中学生规模快速下降，初中学校数也在下降，到 2016 年，全国还有普通初中校 5.2 万所。不过，和普通高中校不同的是，初中校的校均规模并不是一直在增加。在 2002 年校均规模超过 1 000 人，之后逐渐下降，2016 年校均规模为 836 人。

在小学阶段，学校数处于持续的下降过程。小学的数量由右轴表示，从表面看小学数量线已经到达初中线的下面，但是，右轴的数量级是左轴的 5 倍，因此，小学的数量仍然远远大于初中和高中学校数。从 20 世纪 80 年代近 90 万所小学，一路缩减，2016 年还有小学校 17.8 万所，平均下来，初中校和小学校的比例已经是1∶3.4，也就是说，平均来说，每 3.4 所小学对应 1 所初中。

和小学学校数一路下降相对应的是，小学的校均规模持续上升。40 年来，小学的校均规模从 150～160 名学生，上升到 2016 年的校均 558 人。

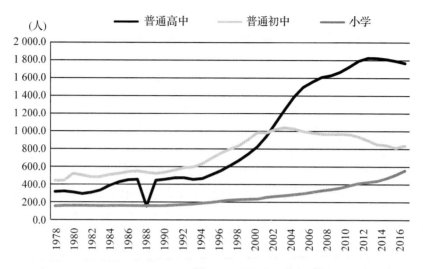

图 1-2　1978—2016 年普通中小学校均规模的变化

　　从图 1-2 校均规模的变化趋势看，初中校在 2003 年校均规模达到最大后，即开始了缓慢的校均规模缩小过程，小学校的校均规模则不断上升。义务教育阶段，小学和初中的规模都是由人口决定的，小学阶段的校均规模目前已经提高到初中校的 60%～70%，这说明小学阶段的集中办学趋势已经非常明显。宏观趋势在一定程度上说明小学阶段村小和小规模学校已经成为一个非常突出的问题。

二、普通中小学在校生数

　　在很长一段时间里，中国教育事业发展的核心特征，被描述为"穷国办大教育"。"穷国"，自不必说，中国在 2000 年以前的财政一直是"捉襟见肘"，直到 2008 年前后，财政状况才好转；"大教育"的意义主要指学龄人口，中国小学阶段的学龄人口比世界上大多数国家的总人口还要多。

　　改革开放之初，我国小学阶段的在校生数接近 1.5 亿人，此后持续下降，到 2009 年下降到 1.0 亿人，从 2010 年起，小学在校生数开始低于 1 亿人。

普通初中在校生规模经历了一个"倒U形"的变动过程。随着普及九年义务教育的展开，初中在校生数从20世纪80年代初的4 000万人上升到2003年的6 618.40万人，2016年，又回到4 357.38万人的水平。

普通高中是唯一的在校生规模持续上升的学段。20世纪80年代初，普通高中在校生规模在600万人的水平上，一直到1997年，都维持在700万~800万。1998年高等教育扩招，为普通高中快速扩张带来了动力。1999年，普通高中在校生规模超过1 000万人，此后10年，普通高中在校生规模以每年200万~300万人的速度增长，到了2008年，随着学龄人口规模的下降，普通高中在校生规模也开始进入下降通道。截至2016年，普通高中在校生规模还在2 367万人。从图1-3中可以很形象地看出不同学段在校生数的变动趋势。

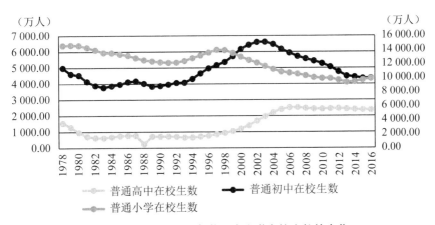

图1-3 1978—2016年普通中小学在校生数的变化

注：小学在校生数由右轴表示。

三、高等教育的机构数量和在校生数

在我国的教育供给体系中，高等教育一直得到较多的重视，从人才战略到人力资源导向，高等教育的发展经历了"精英路线"到"大众化"的转变。该转变在数据上表现得最为明显。

改革开放之初，我国普通高校（包括本、专科院校）共计 598 所，此后，以每年数十所的速度增加，到 1985 年，普通高校数突破 1 000 所，并基本维持在这样的数量上不变，直至 2000 年，我国普通高校的数量只有 1 041 所。进入 21 世纪后，我国高等教育进入快速发展的通道，2000—2008 年，每年增加 150～200 所普通高校，2008 年之后，增长速度才降下来，并维持一个非常稳定的增长趋势。目前，我国普通高校的数量规模为 2 596 所，图 1-4 形象地展示了 2000—2008 年非常陡峭的与其他时间段里迥异的增长轨迹。

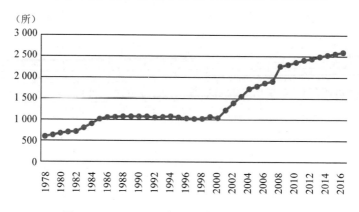

图 1-4　1978—2016 年普通高校学校数的变化

与快速增长的机构数量匹配的，是更加快速增长的普通高校在校生数。改革开放之初，我国普通高校在校生数为 86 万人，10 年后增长一倍多，1988 年在校生数达到 207 万人，又过了 10 年，到 1998 年扩招之前，在校生规模又增长了 100 多万，达到 341 万人。前 20 年基本上是每 10 年增加 100 多万人。

进入 21 世纪后，我国高等教育一改稳定增长的态势，不再维持每 10 年 100 万人的速度，而是以每年增加 100 万在校生的速度增长，到 2008 年，在校生规模已经突破 2 000 万人，达到 2 021 万人。与普通高校数自 2008 年增长趋势开始减缓不同，2008 年后，普通高校在校生数仍然处于持续上升通道，每年仍然以接近 100 万人的速度增加，直至最近 3 年，在校生增长速度才降低至 50 万人以下，2016 年普通高校在校生规模为 2 696 万人。2008—2016 年，8 年间增长 675 万人。图 1-5 形象地展示了普通高校在校生规模在 2000 年后的快速增长态势。

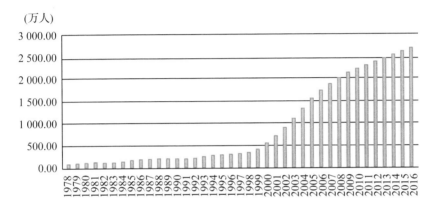

图 1-5　1978—2016 年普通高校在校生数量的变化

四、从国际视野看中国教育事业的发展

本节主要是从历史演进的角度看中国教育体系各个组成部分的机构数量和在校生规模的变动。如果将这种演进放入国际比较的视野中去审视，从体量上具备可比性的，可能只有美国和欧盟，由于欧盟内部的多元化，美国是一个相对合适的参照对象。

（一）中小学学校规模

美国教育统计中心在其年度报告 *The Condition of Education 2018* 中，并没有提供关于公立学校和私立学校数的对比，但关于私立学校就读人数的数字表明，美国中小学阶段在私立学校就读的比例，在 1999—2000 学年是 11.4%，而到了 2015—2016 学年，轻微下降至 10.2%。私立学校在就学人数上，稳定占据 10% 的比例，社会对私立中小学的偏好非常稳定。

值得注意的变化是美国特许学校。特许学校是美国具有独立运营权利的公立学校，它由举办人申请成立，从地方政府那里获得与公立学校相同的办学资金，但是，学校按照与地方政府的合约，拥有不同的自主决策的权力，一般包括聘请教师以及决定教学方式。2015—2016 学年，美国共有 98 280 所公立学校，其中，传统的公立学校有 91 420 所，特许学校 6 860 所，和 2000—2001 学年相比，传统公立学校规模下降，那时，传统公立学校和特许学校分别为 93 270 所和 1 990 所。

自 1991 年开始在明尼苏达州建立以来，公立特许学校逐渐在美国蔓延，并保持每年 2％～5％ 的增长率。2004—2014 年，公立特许学校的注册学生数从 90 万增长到 270 万，10 年增长了 180 万。与此同时，在传统公立学校注册的学生减少了 40 万。

从学段来看，小学阶段的公立特许学校注册人数增长最快，中学和 12 年一贯制学校的注册人数增长幅度没有像小学那么明显，如图 1-6 所示。

(百万人)

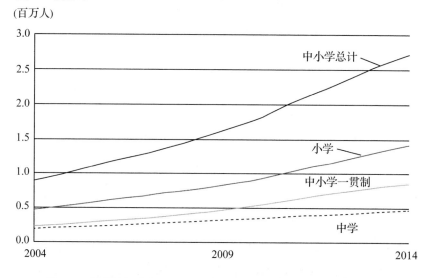

图 1-6　按学段划分的 2004—2014 年公立特许学校注册人数的变化

资料来源：U. S. Department of Education，The Condition of Education 2017，p. 93.

（二）高等教育的规模

中国高等教育机构的规模总量与美国基本相同，2016—2017 学年，美国的四年制大学共有 2 395 所。不过，不同的是，美国高校中最多的是私立大学，有 1 295 所，公立大学则只有 698 所，另有 402 所营利性四年制大学。[①]

美国公立的两年制院校，主要是社区学院，其数量也处于持续下降的过程中。2000—2001 学年，还有 1 067 所，到 2016—2017 学年，则仅剩 885 所了。另外，私立两年制院校也从 2000—2001 学年的 136 所下降为 2016—2017 学年的 97 所。营利性私立两年制学院，从 2000—2001 学年的 480 所上升到 2016—2017 学年的 518 所。[②] 考虑到美国两年制院校中，有很多是以成人为主的高等教育机构，如果将成人高校也计入中国高等院校的规模中，那中国高等教育的规模已经超过美国，成为高等教育机构数排名世界第一的国家。

"机构数量""在读的学生数量"是我国教育统计指标体系的核心指标，我国政府每年依据法律收集的统计信息，主要就是分级分类教育机构数、学生数、教师数和设备设施数。从已经获得的信息看，我国的教育机构数、学生数的高速扩张阶段已经结束，教育体系整体上呈现大规模、不断集中的办学趋势；校均规模还处于不断增长的态势。

从国际上看，教育指标体系的关注点已经不再停留在教育体系机构数和学生数的表征上，因此，从国际比较的视野看中国教育体系的发展，可以发现中小学阶段校均规模过大，以及短期内变化非常迅速的特征。

[①] NCES, *The Condition of Education 2018*，https：//nces. ed. gov/pubs2018/2018144. pdf，2018-05-10，p. 179.

[②] NCES, *The Condition of Education 2018*，https：//nces. ed. gov/pubs2018/2018144. pdf，2018-05-10，p. 179.

表 1-1　1978—2016 年各级各类学校的在校生数、学校数和校均规模

年份	在校生数（万人）					学校数（所）				校均规模（人）			
	研究生	普通本、专科	普通高中	普通初中	普通小学	普通高校	普通高中	普通初中	普通小学	普通高校	普通高中	普通初中	普通小学
1978	1.09	85.60	1 553.10	4 995.20	14 624.00	598	49 215	113 130	949 323	1 449.7	315.6	441.5	154.0
1979	1.88	102.00	1 291.97	4 613.00	14 662.90	633	40 289	103 944	923 532	1 641.0	320.7	443.8	158.8
1980	2.16	114.40	969.80	4 538.30	14 627.00	675	31 300	87 077	917 316	1 726.8	309.8	521.2	159.5
1981	1.88	127.95	714.98	4 144.60	14 332.80	704	24 447	82 271	894 074	1 844.2	292.5	503.8	160.3
1982	2.58	115.40	640.52	3 888.00	13 972.00	715	20 874	80 775	880 516	1 650.1	306.9	481.3	158.7
1983	3.72	120.68	628.98	3 768.80	13 578.00	805	18 876	77 598	862 165	1 545.3	333.2	485.7	157.5
1984	5.76	139.57	689.81	3 864.30	13 557.12	902	17 847	75 903	853 740	1 611.1	386.5	509.1	158.8
1985	8.73	170.30	741.10	3 964.80	13 370.20	1 016	17 318	75 903	832 309	1 762.1	427.9	522.4	160.6
1986	11.04	188.00	773.37	4 116.60	13 182.50	1 054	17 111	75 856	820 846	1 888.4	452.0	542.7	160.6
1987	12.02	195.87	773.73	4 174.40	12 835.85	1 063	16 930	75 927	807 406	1 955.7	457.0	549.8	159.0
1988	11.28	206.59	252.56	4 015.50	12 535.78	1 075	16 524	74 968	793 261	2 026.7	152.8	535.6	158.0
1989	10.13	208.21	716.12	3 837.90	12 373.10	1 075	16 050	73 525	777 244	2 031.1	446.2	522.0	159.2
1990	9.30	206.30	717.30	3 868.70	12 241.40	1 075	15 678	71 953	766 072	2 005.6	457.5	537.7	159.8
1991	8.81	204.37	722.85	3 960.60	12 164.15	1 075	15 243	70 608	729 158	1 983.1	474.2	560.9	166.8
1992	9.42	218.44	704.89	4 065.90	12 201.28	1 053	14 850	69 171	712 973	2 163.9	474.7	587.8	171.1
1993	10.68	253.55	656.91	4 082.20	12 421.24	1 065	14 380	68 415	696 681	2 481.0	456.8	596.7	178.3
1994	12.79	279.86	664.80	4 316.70	12 822.62	1 080	14 242	68 116	682 588	2 709.8	466.8	633.7	187.9
1995	14.54	290.60	713.20	4 657.80	13 195.20	1 054	13 991	67 029	668 685	2 895.1	509.8	694.9	197.3
1996	16.33	302.11	769.25	4 970.40	13 615.00	1 032	13 875	66 092	645 983	3 085.7	554.4	752.0	210.8
1997	17.64	317.44	850.07	5 167.80	13 995.37	1 020	13 880	64 762	628 840	3 285.0	612.4	798.0	222.6

续表

年份	在校生数（万人）					学校数（所）				校均规模（人）			
	研究生	普通本、专科	普通高中	普通初中	普通小学	普通高校	普通高中	普通初中	普通小学	普通高校	普通高中	普通初中	普通小学
1998	19.89	340.88	938.00	5 363.00	13 953.80	1 022	13 948	63 940	609 626	3 530.0	672.5	838.8	228.9
1999	23.35	413.42	1 049.71	5 721.60	13 547.96	1 071	14 127	63 086	582 291	4 078.2	743.1	907.0	232.7
2000	30.12	556.09	1 201.26	6 167.60	13 013.25	1 041	14 564	62 704	553 622	5 631.3	824.8	983.6	235.1
2001	39.33	719.07	1 404.97	6 431.05	12 543.47	1 225	14 907	65 525	491 273	6 191.0	942.5	981.5	255.3
2002	50.10	903.36	1 683.81	6 604.06	12 156.71	1 396	15 406	64 661	456 903	6 829.9	1 093.0	1 021.3	266.1
2003	65.13	1 108.60	1 964.80	6 618.40	11 689.74	1 552	15 779	63 711	425 846	7 562.7	1 245.2	1 038.8	274.5
2004	81.99	1 333.50	2 220.40	6 475.00	11 246.20	1 731	15 998	63 060	394 183	8 177.3	1 387.9	1 026.8	285.3
2005	97.86	1 561.78	2 409.09	6 171.81	10 864.07	1 792	16 092	61 885	366 213	9 261.4	1 497.1	997.3	296.7
2006	110.47	1 738.80	2 514.50	5 937.40	10 711.50	1 867	16 153	60 550	341 639	9 905.0	1 556.7	980.6	313.5
2007	119.50	1 884.90	2 522.40	5 720.90	10 564.00	1 908	15 681	59 109	320 061	10 505.3	1 608.6	967.9	330.1
2008	128.30	2 021.02	2 476.28	5 574.15	10 331.51	2 263	15 206	57 701	300 854	9 497.7	1 628.5	966.0	343.4
2009	140.49	2 144.66	2 434.28	5 433.64	10 071.47	2 305	14 607	56 167	280 184	9 913.9	1 666.5	967.4	359.5
2010	153.84	2 231.79	2 427.34	5 275.91	9 940.70	2 358	14 058	54 823	257 410	10 117.2	1 726.7	962.4	386.2
2011	164.58	2 308.51	2 454.82	5 064.21	9 926.37	2 409	13 688	54 063	241 249	10 266.1	1 793.4	936.7	411.5
2012	171.98	2 391.32	2 467.17	4 763.06	9 695.90	2 442	13 509	53 167	228 585	10 496.7	1 826.3	895.9	424.2
2013	179.40	2 468.07	2 435.88	4 488.35	9 360.55	2 491	13 352	52 764	213 529	10 628.1	1 824.4	850.6	438.4
2014	184.77	2 547.70	2 400.47	4 430.89	9 451.07	2 529	13 253	52 623	201 377	10 804.5	1 811.3	842.0	469.3
2015	191.14	2 625.30	2 374.40	4 345.65	9 692.18	2 560	13 240	53 476	190 525	11 001.7	1 793.4	812.6	508.5
2016	198.11	2 695.84	2 366.65	4 357.38	9 913.01	2 596	13 383	52 118	177 633	11 147.7	1 768.4	836.1	558.1

第二节　教育体系的产出：
15 岁以上人口的平均受教育年限及国际比较

哈佛大学经济学家克劳迪娅·戈尔丁（Claudia Goldin）和劳伦茨·凯兹（Lawrence F. Katz）在其非常有影响力的著作《教育和技术的竞争》（*The Race between Education and Technology*）中，将 20 世纪叫作"人力资本的世纪"，把人力资本的投资和存量作为"国家的财富"来对待。[①]

按照人力资本的概念，这笔"国家的财富"主要是通过教育形成的劳动力队伍适应变革和不确定性的能力，因此，可以用劳动力队伍的教育水平作为代理指标，来表达这个能力水平。这一部分内容属于指标 A-1：教育体系对劳动力队伍存量的贡献。

一、40 年来人口素质的提高

受益于中国教育事业的发展，受过更多教育的劳动者不断进入劳动力队伍，不断拉升劳动力队伍的受教育水平。改革开放 40 年来，中国劳动力的平均受教育水平由小学提升到高中阶段，具体来说，平均受教育年限由 1978 年的 5.14 年增长到 2007 年的 8.46 年，到 2017 年劳动力平均受教育年限达到 10.5 年（见图 1-7）。

即改革开放之初，我国劳动力队伍的平均水平，或者说大多数劳动者是小学毕业；到了改革开放 30 年的时候，劳动力队伍的平均水平已经接近完成九年义务教育；而到了改革开放 40 年的时候，劳动力队伍的平均水平已经接近高中二年级的水平。

需要说明的是，以上平均受教育水平中的"年"的定义如下。

---

① Claudia Goldin, Lawrence F. Katz, *The Race between Education and Technology*, Cambridge, Mass. : The Belknap Press of Harvard University Press, 2008, pp. 11-43.

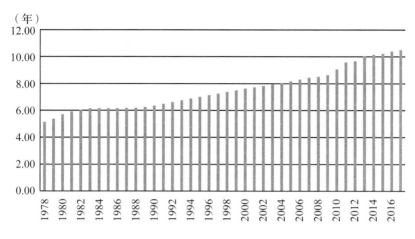

图 1-7 1978—2017 年劳动力平均受教育年限

（1）各级各类教育的"一年"是同样的，那么，成人受教育年限的算术平均值就构成了成人的平均受教育水平。

（2）不考虑质量的差异，那么，每个人受到的教育都是同样的，成人受教育年限只有量的规定性，没有质的含义。

二、趋势中"拐点"的出现

从整体趋势上看，改革开放以来，前30年劳动力平均受教育年限提高了3.32年，而后10年，劳动力平均受教育年限又迅速增长了2.04年，这10年，劳动力受教育水平明显提升。从增长趋势图上也可以看出2010—2012年出现了一个"跃升"。那么，这种猜测是否可以得到统计分析的支持呢？

2008—2018年，长期的持续发展和中国社会人口等背景因素的改变，加快了教育体系的结构性变化，于是，"拐点"就出现了，它是体系结构性变化的反映。对于理论研究来说，发现和识别"拐点"是进行政策分析的前提。

（一）统计方法

为考察指标伴随时间可能发生的结构突变，以下使用 Quandt-

Andrews 分割点检验的方法，验证指标可能存在的"拐点"。Quandt-Andrews 检验能检验在一个指定的估计方程中，在观测值区间内可能存在一个或多个未知结构突变点。该检验在模型参数发生变异的位置未知的情况下，仍能迅速准确地捕捉到模型参数发生变异的位置。

本书以时间作为自变量，待考察指标作为因变量，通过 Quandt-Andrews 检验考察指标可能存在的时间"拐点"。指标的结构性变化分析分为两步：

第一步，使用指标数据构建时间趋势方程，即：

$$Ratio_t = \alpha t + \varepsilon_t$$

其中，$Ratio_t$ 指 t 时刻的某一指标，ε_t 是随机扰动项。

第二步，对时间趋势方程进行 Quandt-Andrews 检验，来考察指标的时间趋势是否有结构性变化。

(二) 劳动力教育水平的"拐点"

劳动力的教育水平主要通过劳动力的受教育年限和 16 岁及以上受教育比例两个时间序列指标来描述。

通过对以时间作为自变量，我国劳动力平均受教育年限指标作为因变量的方程进行 Quandt-Andrews 检验，得到如下结果，如表 1-2所示。

表 1-2　对劳动力平均受教育水平增长趋势的 Quandt-Andrews 检验结果

统计量	统计值	P 值
最大似然比统计量(2010)	67. 664 47	0. 000 0
最大沃尔德统计量(2010)	135. 328 9	0. 000 0

从检验结果可以看出，我国劳动力平均受教育年限的时间"拐点"出现在 2010 年。主要原因是高学历水平的年青一代进入劳动力的统计口径导致劳动力的受教育水平指标在 2010 年呈大幅增长。

这样的检验结果与我们对图形的观察结果是一致的。在2010年前，劳动力队伍的受教育水平持续增长，而2010年后的增长速度在统计的意义上是明显快于之前的变动趋势的。2010年是统计意义上的"拐点"。

三、劳动力队伍受教育程度的国际比较

既然劳动力队伍的平均受教育水平是"国家的财富"，那么，各个国家都会非常重视积累这笔财富，并且密切关注这笔财富的公共政策意义和社会影响。

在大多数OECD国家，高中阶段或者高中后的职业教育，仍然是25～64岁的劳动者最集中的教育水平，详见表1-3。但是，对25～34岁这些更年轻的劳动者来说，高中阶段已经不是分布最多的教育水平。在一半的OECD国家中，劳动者最普遍的教育水平已经从高中移到第三级教育。除墨西哥以外，所有国家受过第三级教育的人口所占比例均在20%以上，而加拿大、美国、韩国、英国等国家这一比例甚至达到40%以上。

表1-3　部分OECD国家25～64岁人口的受教育水平分布(按最高学历,%)

国家	初等	第二级教育			第三级教育			
	小学	初中	高中	高中后	非学位	本科	硕士	博士
澳大利亚	5	16	31	5	11	24	6	1
加拿大	2	17	24	11	26	20	9	
德国	3	10	48	11	1	15	11	1
日本	—	—	50	—	21	29	—	—
英国	0	21	17	18	10	22	11	1
美国	3	7	45	—	11	22	11	2
南非	5	38	28	—	—	15		

注：南非不是OECD成员国，处于观察国地位，表中南非的数据来自UNESCO数据库，人口总数中还有15%的劳动者，其最高受教育水平为小学以下，未列入该表。

资料来源：OECD,《教育概览》(2016),41页。

尽管受教育水平已经很高，但 OECD 国家中的发达国家的劳动力队伍的整体受教育水平还在不断提高，尽管相对中国来说，这种提高显得有些不那么"显著"。图 1-8 展示了几个发达国家劳动力受教育水平的提高幅度，由于数据可得性，图中只包括五个国家的数据。

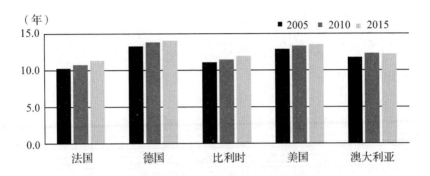

图 1-8　部分 OECD 国家 25～64 岁人口平均受教育年限

资料来源：联合国教科文组织统计数据，http://uis. unesco. org/indicator/edu-attain-mys-mys，2018-05-10。

从劳动者平均受教育水平来看，中国劳动力队伍的人力资本积累，已经达到了发达国家的水平，将 OECD 中的一些新兴国家成员国远远地甩在后面，这些国家 25～34 岁的劳动者中，有 40％以上的劳动者受教育水平仍然在初中以下。

第三节　教育体系对"人力资本"增量的贡献

每年新毕业的学生，源源不断地进入劳动力市场，不断拉高劳动力队伍的受教育水平，本节就教育体系对劳动力队伍"人力资本"增量的贡献，说明劳动力队伍中的年轻人缓慢拉动整个劳动力队伍"人力资本"水平不断增长的过程。

鉴于我国劳动力队伍的平均水平在高中阶段，因此，统计中使用成人人口中受高中及以上教育的分布，来说明这个增量为总体做出贡献的机制。

一、40 年来劳动力队伍中受过高中及以上教育者的分布

对于绝大多数国家而言，高中阶段意味着非义务教育和职业定向教育的开始，因此，接受高中及以上教育人口在劳动人口中所占的比重的变化，反映了不同时期，劳动力市场对劳动者在知识、技能等方面的要求。一般而言，高中阶段教育机会的拓展，和第三级教育机会的拓展是一致的，这种情况下人们的教育期望会显著提高，进而导致第三级教育需求的显著增长。

中国 1964—2016 年 16 岁及以上人口中接受过高中及以上教育的比例如图 1-9 所示。由图中可以看出，在 2008 年以前，受过高中及以上教育人口的比例一直处于缓慢增长的状态，2009 年以后，进入快速增长期，到 2016 年该比例增长到 36.6%，比 2008 年增长了近一倍，近 8 年间的增幅相当于改革开放前 30 年的增幅。这表明，2008 年以后，我国高中教育及第三级教育发展较快。目前，高中阶段的入学率已经达到 80% 以上，达到发达国家的水平。

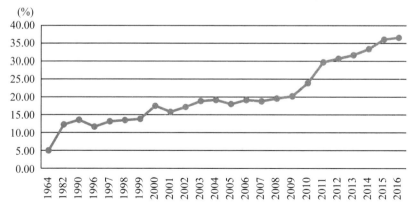

图 1-9　1964—2016 年中国 16 岁及以上人口中接受过高中及以上教育的比例

资料来源：依据《中国统计年鉴》相关数据计算而来。

如果再具体分析一下人口中接受高中及以上教育的比例提升机制，不难发现，新增人口尤其是年青一代人口受教育水平的提高对该比例的增长起了关键作用，当然，其中也有人口代谢所产生的作用。目前，我们无法得到各年龄段人口接受高中及以上教育的比例分布数据，但随着教育的发展，我们有理由相信，在 15～24 岁、25～34 岁人群中，接受高中及以上教育的比例一定会大大超过 55～64 岁人群。

尽管中国在近 40 年里，尤其是 2009 年以来，高中及以上教育获得极大的发展，但是，由于劳动力的主要组成部分 31～64 岁的群体，是在 2003 年之前接受高中教育的，那时，普通高中的迅速发展还没有开始。因此，劳动力队伍中高中及以上教育程度者所占比例，还需要依靠新加入劳动队伍的年轻人拉高。

在劳动力队伍的统计口径上，中国仍然以 16 岁及以上人口统计劳动力队伍，实际上将已经退出劳动力队伍的老人也统计在劳动力队伍中。如果我国劳动力队伍的统计口径换算成 25～64 岁，劳动力队伍中受到高中及以上教育者所占比例应该会高于现在的 40％。

教育和劳动力队伍质量之间的关系，是一个国家关键指数（Key National Indicators，KNI）的构成，不仅为行业管理和政府部门所需要，而且为普通民众、新闻机构、研究者所关注。指标如何在使用过程中，不断在深度和广度上、在地理和人口等背景信息补充上加以改进和提炼，仍然是我国提高决策有效性、科学性的前提。

大约在 50 年前，高中毕业、有工会组织的企业、稳定上涨的工资，是美国和欧洲发达国家产业工人的标准配置。从那个时候开始，社会政策研究就一直将劳动力队伍中高中毕业者作为研究普通民众就业和生活状况的划分线，以此发现普通民众的生活和就业状况（见图 1-10），也以此反观高中以下教育程度者的不利状态。

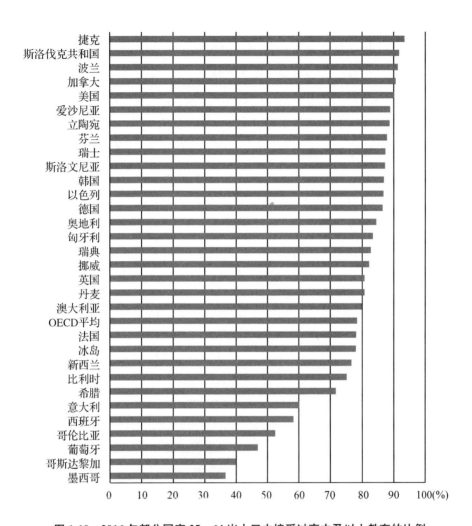

图 1-10　2016 年部分国家 25～64 岁人口中接受过高中及以上教育的比例

　　注：图中部分国家如哥斯达黎加和墨西哥不是 OECD 成员国，只处于观察国地位，但它们为指标分析提供了独特的参照，因此，也一并提供这些国家的数据，特此说明。

　　资料来源：OECD，https：//data.oecd.org/eduatt/graduation-rate.htm#indicator-chart，2018-05-10。

二、40 年来劳动力队伍中受过高等教育者的分布

　　在后工业化时代，知识的经济价值进一步凸显，由此，高等教

育机会的分布持续成为政策的关键点。在政策分析和国家人力资源政策中，一般使用劳动力队伍中第三级教育程度所占比例，来衡量一个国家适应新的产业发展，采用新技术和进行创新的能力。

用这个指标来衡量我国 40 年来产业发展和国家创新基础，可以发现一个迅速上升和飞速发展的格局。1982 年，我国劳动力队伍中第三级教育程度者所占比例不足 1%，2008 年，改革开放 30 年的时候，该比例上升为 6.6%，到 2016 年，该比例达到 18.1%，尤其是最近 10 年的增长，与前 30 年的增长格局完全不同。1982—2008 年的 26 年间，该比例只上升了 5 个百分点，而 2008—2016 年的 8 年间，该比例上升了 11 个百分点(见图 1-11)。

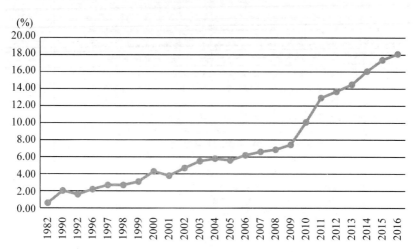

图 1-11   1982—2016 年中国 16 岁及以上人口受过专科及以上教育的比例
资料来源：依据《中国统计年鉴》相关数据计算而来。

用劳动力队伍中接受过第三级教育者所占比例来标识 OECD 国家的创新能力，可以看出，OECD 国家劳动力队伍中接受过第三级教育的人口比例仍然远远高于中国。从发展速度来看，中国第三级教育的发展非常迅速，这个结论可以从分年龄段数据中得出。目前，中国 25～34 岁人口接受第三级教育的比例非常接近 OECD 国家，中国新增劳动力平均受教育年限超过 13.3 年，大多数发达国家成人人口中受过第三级教育的比例平均为 30％，这些国家都在 20 世纪 70 年代末和 90 年代经历了第三级教育的扩张（见图 1-12）。相对而言，韩国、日本、爱尔兰等国家不同年龄组之间的比例差距较大，说明这些国家的第三级教育扩张速度较快（见表 1-4）。

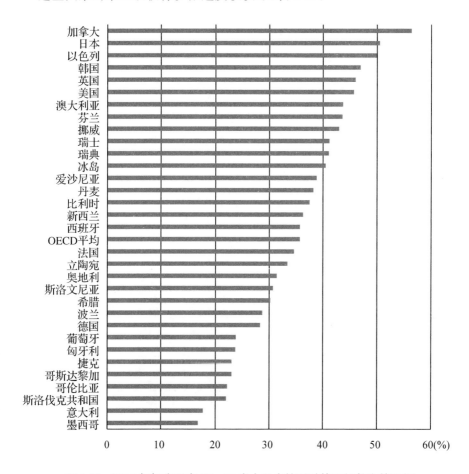

图 1-12 2016 年部分国家 25～64 岁人口中接受过第三级教育的比例

注：图中部分国家如哥斯达黎加和墨西哥不是 OECD 成员国，只处于观察国地位，但它们为指标分析提供了独特的参照，因此，也一并提供这些国家的数据，特此说明。

表 1-4　2016 年部分 OECD 国家接受过第三级教育的年龄分布(%)

国家	25～34 岁	35～44 岁	45～54 岁	55～64 岁
澳大利亚	49.3	48.8	40.0	35.0
奥地利	39.7	35.1	28.0	22.9
比利时	44.3	43.2	35.1	27.5
加拿大	60.6	62.8	55.7	46.2
哥伦比亚	28.1	24.0	17.8	14.8
哥斯达黎加	28.9	20.7	19.2	21.3
捷克	32.6	23.6	19.6	15.5
丹麦	45.9	43.5	34.5	29.9
爱沙尼亚	41.0	40.1	37.5	36.1
芬兰	41.1	51.4	45.6	37.0
法国	44.0	43.5	29.3	22.1
德国	30.5	29.8	27.1	26.3
希腊	41.0	31.3	28.2	20.9
匈牙利	30.4	26.6	20.6	17.2
冰岛	43.3	48.5	39.9	28.9
以色列	47.4	54.8	49.0	47.6
意大利	25.6	20.5	14.0	12.4
日本	60.1	55.1	47.8	39.7
韩国	70.0	59.8	37.8	19.7
立陶宛	54.9	44.6	30.5	30.7
卢森堡	51.4	51.2	37.4	27.5
墨西哥	21.8	16.3	14.2	12.6
荷兰	45.2	40.9	31.9	27.4
新西兰	43.4	40.6	32.2	28.2
挪威	48.6	48.7	40.4	33.0
OECD 平均	43.1	40.5	32.1	26.5
波兰	43.5	35.3	20.6	13.9
葡萄牙	35.0	30.5	18.0	13.1
西班牙	41.0	44.1	32.6	23.2
瑞典	47.2	49.3	36.2	30.8
瑞士	48.8	46.1	37.9	31.6
英国	52.0	51.6	42.0	37.6
美国	47.5	48.3	44.9	41.9

　　注：表中部分国家如哥斯达黎加和墨西哥不是 OECD 成员国，只处于观察国地位，但它们为指标分析提供了独特的参照，因此，也一并提供这些国家的数据，特此说明。

　　资料来源：OECD 官网。

是什么因素推动第三级教育的迅速发展？是产业发展的需要吗？从中国和一些发达国家的发展经验来看，第三级教育机会的扩展动力有两个：一是经济发展带来的产业结构升级的需求，在后工业化时代，就业机会主要集中在依赖知识和创新的领域，第三级教育的经济价值为个人的教育决策提供了经济激励；二是高中教育机会的扩展会产生后续效应，即扩大对更高级教育的需求，这时，第三级教育的群体分割效应更加显著。

对第三级教育的需求，是来自经济因素还是非经济因素？经济学的解释往往关注第三级教育的经济收益，但是，从20世纪80年代起，发达国家的体力劳动者的收入就已经超过普通白领，社会学的解释是社会地位或者文化传统，当第三级教育的经济收益不显著时，人们之所以选择接受第三级教育，是基于社会阶层的考虑或者文化符号。然而，当这些结论放置在更长的时间里的技术进步或者全球化的背景下考虑时，我们可以发现，经济收益仍然是最主要的激励，第三级教育者所具有的能力，能够帮助他们不断适应变化的劳动世界。

三、超越"追赶"战略看劳动力平均受教育水平

在扩张阶段，教育发展指标的关注点主要是行业本身的变动，例如，平均受教育年限的持续增长，增长率的变动，以及平均受教育年限和增长率的地区分布、阶层分布。实际上，地区和阶层分布已经超越了教育行业本身，开始将教育成就指标加入了经济和社会背景变量。比较中国和世界主要发达国家在"成年人口的受教育年限"这个指标上的表现，除了看到中国40年来在人力资本上的高速积累外，还可以从指标的定义和结构上，看出政策内涵和关注点的差异。

哈佛大学经济学家克劳迪娅·戈尔丁和劳伦茨·凯兹在其著作《教育和技术的竞争》中，不仅利用总量分析，说明了美国经济增长

和"人力资本"这一国家财富的匹配过程，说明了人力资本推动国家整体经济增长的机制，还将教育的进步与经济增长和收入分配结合起来，分析受教育水平的不断提高及其在地区、人群中的分布带来的影响。他们用历史数据分析得出结论，在 20 世纪 70 年代经济陷入停滞之前，教育并没有带来阶层间收入不平等，但是，20 世纪的后四分之一的时间里，教育加剧了社会的不平等。[①]

劳动力队伍的平均受教育水平达到 11 年，意味着高中及以上教育程度已经成为劳动者的"标配"，当我们为此目标感到兴奋时，国际公共政策研究却超越"赶超"，研究被高中教育普及"排斥"在外的人。OECD 统计数据显示，即使在 OECD 国家，也仍然有不到 20％的 25～34 岁的年轻人，其受教育水平在高中以下，如图 1-13 所示。在这样一个教育成为必需品的时代，低于高中以下的教育准备，将使这些年轻人持续遭受劳动力市场的排斥。

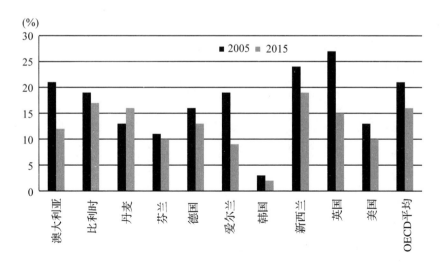

图 1-13　2005 年、2015 年部分 OECD 国家 25～34 岁年龄组
高中以下教育程度者所占比例

① Claudia Goldin，Lawrence F. Katz，*The Race Between Education and Technology*，Cambridge，Mass.：The Belknap Press of Harvard University Press，2008，pp. 85-88.

在近代，技术进步给人类社会带来了前所未有的影响，其中最明显的，就是人类福祉的巨大改进。作为技术进步的发源地，世界上20个发达国家为全世界树立了技术进步与人类福祉共同进步的"典范"，也形成了发展中国家不断按照发达国家模式去"追赶"的发展战略。

在发展中国家的"追赶"战略中，中国的教育事业发展"独树一帜"，和东亚的日本、韩国、新加坡共同构成东亚儒家文化模式。在"追赶"的过程中，公共政策的制定者，以及整个社会会形成对增长和扩张的强烈偏好，这个偏好使转向"新常态"的过程非常艰难，同时，对于政策分析者来说，会形成对快速增长带来的社会影响的有意无意的"忽视"。图1-14展示的是完美的增长和追赶之路，它让我们每个人都兴奋不已，但是，发达国家已经走过的路，却不时地提醒我们，这个快速增长背后，还有一群"落在后面的人"。

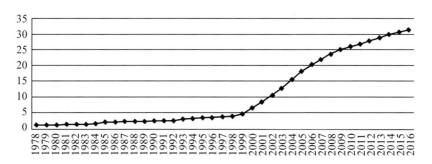

图1-14　1978—2016年普通高等本、专科教育规模的变化

注：规模增长指数是以1978年的规模为1，各个年度的规模相对于1978年规模的倍数。

于是，当我们在总结中国教育改革开放40年来取得的成就时，我们需要超越"追赶"时代的逻辑，看到增长的积极影响，看到总量层次上教育与经济增长的完美"匹配"（见表1-5），还要看到总量所掩盖的结构问题。在劳动力队伍的总量中，后20%的人，由于经济增长和技术进步，反而陷入更加困顿的状态。如果说劳动力队伍受教育程度的持续提高，"国家财富（人力资本）"不断累积支持经济持续增长的话题是经济学的经典话题，那么，"国家财富（人力资本）"在社会各阶层中的分布不平等，就成为一个社会经济学问题。它要求我们将经济与社会结合起来考虑经济增长，同时，在技术上，将总量分析与分层的结构性分析结合起来。

然而，当我们将经济和社会视角结合在一起考虑时，我国数据基础设施建设的不足，往往局限了我们的视野。"数据基础设施"是关于影响公共政策和教育资源配置决策行为的数据基础的形象比喻，以当前的普通高中入学率、学前教育入园、教师工资或者教育质量监测为例，以省区为单位的数据，往往导致省区之间的达标"锦标赛"，而对省区内部各个阶层在教育水平上的差距，无法获得合适的数据去分析，也无法识别这个现象。以机构为基础的数据管理方式，再次制约了数据分析和政策分析的视野，导致数据"盲区"和政策"盲区"的存在。

超越"追赶"，要看被排斥和落后，因为受教育陷入困境的人，也要看在一路前行的过程中，被高速度耽误的多样化、个性化教育需求。从指标上看，关于毕业率、就读时间、学费、所有制，都是统一的，这个一致性背后，是被高速度遮盖的交易成本和质量代价。

表 1-5　以 1978 年为基期的 1978—2016 年在校生规模的增长倍数

年份	在学研究生 （人）	普通高等学校 本、专科生 （万人）	在学研究生 增长倍数	本、专科生 增长倍数
1978	10 934	85.63	1	1
1979	18 830	102.00	1.72	1.19
1980	21 604	114.37	1.98	1.34
1981	18 848	127.95	1.72	1.50

续表

年份	在学研究生 （人）	普通高等学校 本、专科生 （万人）	在学研究生 增长倍数	本、专科生 增长倍数
1982	25 847	115.40	2.36	1.35
1983	37 166	120.68	3.40	1.41
1984	57 566	139.57	5.26	1.63
1985	87 331	170.31	7.99	1.99
1986	110 371	188.00	10.09	2.20
1987	120 191	195.87	10.99	2.29
1988	112 776	206.59	10.31	2.42
1989	101 339	208.21	9.27	2.43
1990	93 018	206.27	8.51	2.41
1991	88 128	204.37	8.06	2.39
1992	94 164	218.44	8.61	2.55
1993	106 771	253.55	9.77	2.96
1994	127 900	279.86	11.70	3.27
1995	145 443	290.64	13.30	3.40
1996	162 322	302.11	14.85	3.53
1997	176 353	317.44	16.13	3.71
1998	198 885	340.88	18.19	3.99
1999	233 513	413.42	21.36	4.83
2000	301 239	556.09	27.55	6.50
2001	293 256	719.07	26.82	8.41
2002	500 980	903.36	45.82	10.56
2003	651 260	1 108.56	59.56	12.96
2004	819 896	1 333.50	74.99	15.59
2005	978 610	1 561.78	89.50	18.26
2006	1 104 653	1 738.84	101.03	20.33

续表

年份	在学研究生 （人）	普通高等学校 本、专科生 （万人）	在学研究生 增长倍数	本、专科生 增长倍数
2007	1 195 047	1 884.90	109.30	22.04
2008	1 283 046	2 021.02	117.34	23.63
2009	1 404 942	2 144.66	128.49	25.07
2010	1 538 416	2 231.79	140.70	26.09
2011	1 645 845	2 308.51	150.53	26.99
2012	1 719 818	2 391.32	157.29	27.96
2013	1 793 953	2 468.07	164.07	28.86
2014	1 847 689	2 547.70	168.99	29.79
2015	1 911 406	2 625.30	174.81	30.69
2016	1 981 051	2 695.84	181.18	31.52

资料来源：历年《中国教育统计年鉴》。

第二章

受教育机会及其分布

在第一章中，我们用教育体系的产出，包括体系本身的发展，以及体系对劳动世界的贡献，说明了 40 年来教育事业作为社会重要组成部分对社会贡献的方式和程度。

从本章起，我们开始关注体系本身的运行特征，以及这些运行特征在过去 40 年的演变过程。受教育机会的时代变迁，是我们考察教育体系自身特征的第一个指标，它考察在过去 40 年，分布在不同区域的个体在不同学段上的教育机会获得上的变化。教育体系的产出，说明了教育整个体系的产出和对劳动力队伍的累积结果，而教育机会则说明"人口"，描述各级各类教育机构，在不同的年代，为年轻人提供了什么样的机会。

第一节　义务教育阶段的教育机会

中国政府在 1986 年颁布《中华人民共和国义务教育法》，到 2000 年基本完成"普九"，在 14 年"普九"的艰难历程中，保证每个儿童接受九年义务教育，成为各地政府工作的"重中之重"。中国用强大的政府和社会动员能力，用历时 20 多年的教育"优先发展"战略，完成了人口大国积累人力资本的第一步。

一、不断落实九年义务教育机会

和世界上很多发展中国家一样，改革开放之初的中国也是一个积贫积弱的国家，教育机会的普及水平非常低。以改革开放为研究的起点，可以发现，到 1986 年颁布《中华人民共和国义务教育法》的时候，中国为所有儿童提供的普及的教育机会，还仅限于小学阶段。1990 年，虽然《中华人民共和国义务教育法》已经颁布 4 年了，但是，初中阶段的毛入学率还不足 70％。这就意味着，当时中国政府能够给适龄儿童提供的初中教育机会只有 50％多一点，只有一半多的学生能够获得初中教育机会。

到了 1993—1994 年，扩大初中教育机会开始"提速"，几乎以每年 5 个百分点的速度提升，到 2002 年，初中阶段的毛入学率已经接近 90％了，直到 2012—2013 年，初中阶段的毛入学率才和小学阶段完全相同，真正实现了"普九"全覆盖（见图 2-1）。

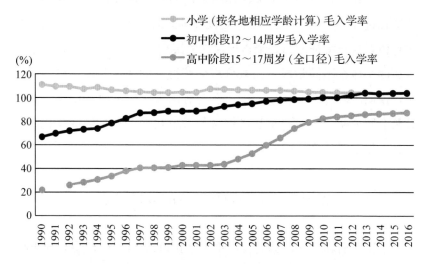

图 2-1　1990—2016 年中小学阶段教育毛入学率的变化

当然，在实现九年义务教育机会全覆盖后，保障教育机会的问题仍然存在，但是，问题存在的形式和采取的策略已经完全不同了。当前，义务教育阶段保障教育机会主要体现为：（1）保证流动人口子女入学问题；(2)解决初中阶段新的"辍学"问题。

二、义务教育机会分布的制度意义

按照教育发展的阶段特征来说，中国教育事业的发展已经度过了扩张期，开始进入结构调整期，也就是我国教育政策中经常提及的"内涵式发展阶段"，不同的发展阶段已经使义务教育的核心政策问题发生变化。在扩张时期，义务教育的核心政策问题是应对资源短缺，是筹集和分配教育经费的财政问题。到了结构调整阶段，资源短缺不再是核心问题，结构性问题凸显出来，这时的教育机会问题，变成了优质教育机会的分配，而教育经费的配置标准，不再是稀缺而是高效使用，过多地用于提高教育质量，而教育质量又存在个体和集体质量观的差异，以及不同群体对质量偏好的差异。这时，公共政策的目标越来越不清晰，多目标之间的冲突也越来越需要调整，义务教育需要体制改革，以提高自己满足多样化需求和实现优质均衡的能力，这便是义务教育的供给侧改革。

实际上，在基本实现义务教育普及后，教育供给中的结构性问题便是普遍存在的，世界银行在 20 世纪 80 年代提出的"结构调整工具包"，主要是针对发展中国家教育经费在初等教育和高等教育中的错误配置而提供的政策调整工具。政策工具有非常强的场景依赖性，也许并不适合中国的实际情况，但是，工具包的概念恰恰说明了系统的多种政策工具一起使用，是进行教育供给结构调整的必需。

改革开放 30 年后，中国实现了义务教育普及，为每个儿童提供九年义务教育机会，已经成为政府为公众提供的基本公共服务的构成。到了改革开放 40 年的时刻，深刻地意识到教育供给体系也存在结构性调整的需要，用更加开放的、不断实验的态度，满足公众不断增长的、多样化的教育需求，同时，防止这种结构性调整给社会带来难以承受的差异和代价，实现义务教育供给体系的升级，是义务教育事业持续发展面临的长期挑战。

三、从国际视野看义务教育机会分布

在 OECD 每年的《教育概览》中，义务教育的机会已经不是讨论的政策话题。以 2016 年的报告为例，在"教育机会分布"一章，主要讨论了高中、第三级教育机会的分布和增长状况，文中也提及义务教育，但只是一笔带过，提出 OECD 的 35 个成员国提供了义务教育的数据，入学率都在 95％以上。[①]

在美国国家教育统计中心的年度教育报告《教育状况》(*The Condition of Education*)中，中小学教育机会的分布是该报告第一章的内容，关注的话题有：(1)3～17 岁分学段的入学率；(2)公立、私立中小学和公立特许学校注册率的变化；(3)英语非母语的学生数量；(4)特殊教育学生的注册情况及分布。由此可以看出，美国教育政策关心的话题，实际上是公、私立学校对教育机会的供给格局，以及移民下一代的教育和特殊儿童的教育机会。图 2-2 显示了美国幼儿园、小学、中学教育机会的总体分布。

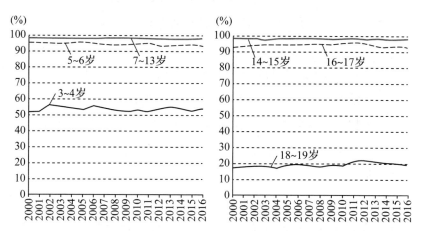

图 2-2　2000—2016 年美国 3～17 岁儿童分学段教育入学率水平

资料来源：McFarland, J., Hussar, B., Wang, X., Zhang, J., Wang, K., Rathbun, A., Barmer, A., Forrest Cataldi, E., and Bullock Mann, F., *The Condition of Education* 2018(NCES 2018－144), U. S. Department of Education, Washington D. C.：National Center for Education Statistics, 2018, p. 54.

---

① OECD, *Education at a Glance*(2016), OECD publishing, 2017, p. 284.

　　需要注意的是，美国教育年度报告中家庭视角的引入（见图 2-3）。报告提出儿童的家庭环境是儿童成长和学业成就的决定性因素。其中，单亲家庭、贫困线以下及家长的低教育水平，都是导致学生重读、辍学和学业成绩低下的"危险因素"。以家庭特征识别学生的成长环境和学习环境，为认识国家整体、州层面的教育状况提供了重要的变量。

　　关于家庭视角在教育政策中的意义，已经有学者在不同的政策语境中提出①，但是，家庭视角在教育政策实践层面上落实，还需要我国教育统计体系改变长久以来以机构和行政区划为单位的统计方式作为前提。因此，目前阶段，家庭与学生学业成绩和社会情感发展的关系，还仅仅是学术研究的范畴，教育政策、社会政策的家庭视角还远未成为关注点。

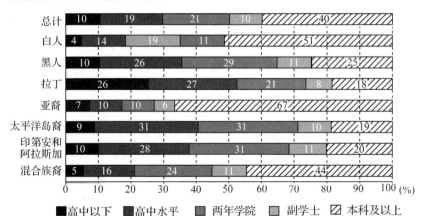

图 2-3　美国按种族和家长最高教育程度划分的 18 岁以下儿童的家庭分布

资料来源：McFarland, J., Hussar, B., Wang, X., Zhang, J., Wang, K., Rathbun, A., Barmer, A., Forrest Cataldi, E., and Bullock Mann, F., *The Condition of Education* 2018 (NCES 2018－144), U.S. Department of Education, Washington D.C.：National Center for Education Statistics, 2018, p. 34.

---

　　① 徐晓新、张秀兰：《将家庭视角纳入公共政策——基于流动儿童义务教育政策演进的分析》，载《中国社会科学》，2016(6)；彭希哲、胡湛：《当代中国家庭变迁与家庭政策重构》，载《中国社会科学》，2015(12)。

第二节　高中、学前教育阶段教育机会的扩展

目前，中国已经完成了为所有适龄儿童提供义务教育机会的任务，和发达国家一样，教育机会扩张的任务主要体现在高中和学前教育阶段。

一、高中阶段教育机会的扩展

高中阶段，在世界范围内都是公共政策关注的焦点之一。从现象层面上，高中阶段是学生分流的开始，一部分学生会选择职业轨道的高中教育，一部分学生离开学校进入劳动力市场，而大多数学生会沿着升学的轨道接受普通高中教育，将职业分流延长至第三级教育阶段。

改革开放之初，我国普通高中教育首先经历了一个"恢复秩序"的过程，按照教育规律办学，不具备条件的"公社办高中"[①]要关门。在数据上的表现，就是 1978—1985 年普通高中和完全中学从 1977 年的 64 903 所，减少到 1985 年的 17 318 所[②]，关闭了三分之二以上的普通高中和完全中学。教育目标上，从盲目普及、"大跃进"式的发展模式，转变为精英式的、以升学教育为主的模式。在 1965 年至 1985 年的 20 年间，展示了两种不同办学方向的差异，高中和完全中学的数量如过山车般起伏，形成了明显的倒 U 型曲线，说明改革开放之前，盲目办"学工""学农"的教育，不按照教育规律办事，决策随意和非理性（见图 2-4）。

---

① "村村有初中，公社办高中"是教育"大跃进"时期设定的目标，在不具备办学条件的情况下，在很多村庄建立初中，公社建高中，质量根本无法保证，很多教师是高中毕业教高中。

② 教育部计划财务司：《中国教育成就：统计资料（1980—1985）》，64 页，北京，人民教育出版社，1986。

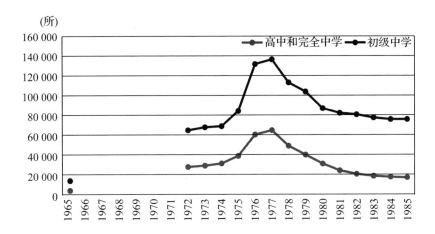

图 2-4 1965—1985 年高中和完全中学数量的变化

注：1966—1971 年的统计数据缺失。

在完成"拨乱反正、恢复秩序"后，高中阶段教育进入稳定发展时期。从 1981 年到 1996 年的 15 年时间里，高中在校生规模一直稳定在 700 万人上下；从 1999 年起，受高等教育扩招的影响，在校生规模开始超过 1 000 万人；仅仅在五年后的 2004 年，在校生规模就突破 2 000 万人，达到 2 220.4 万人。

2000 年左右高中教育的跳跃式发展，除了规模的急剧增长外，还体现了社会需求对计划招生模式的突破。20 世纪 90 年代，在发展高中教育问题上就存在关于职业高中和普通高中合适的招生计划比例的讨论，究竟是 1∶1 还是 4∶6，多年的政策争论在扩招的急剧推动面前自然弱化了。但是，在高中阶段教育，特别是普通高中教育机会的扩张过程中，对普通高中毕业不能升学的制度焦虑一直存在。

表2-1 1965—1985年普通高中和完全中学的学校数与学生数

年份	高中和完全中学（所）	初级中学（所）	毕业生数（万人）		招生数（万人）		在校生数（万人）	
			高中	初中	高中	初中	高中	初中
1965	4 112	13 990	36.0	173.8	45.9	299.8	130.82	802.97
1966	m	m	28.0	162.0	20.7	272.7	137.28	1 112.52
1967	m	m	26.8	186.4	13.6	198.3	126.46	1 097.24
1968	m	m	79.4	519.0	63.0	648.5	140.79	1 251.47
1969	m	m	38.0	361.4	103.6	1 023.4	189.14	1 832.35
1970	m	m	67.6	618.9	239.0	1 176.3	349.7	2 292.15
1971	m	m	100.4	835.0	321.3	1 234.9	558.69	2 568.92
1972	28 029	64 937	215.9	1 035.5	479.0	1 247.1	858.03	2 724.41
1973	29 365	67 959	349.4	1 129.4	452.0	1 139.0	923.28	2 523.15
1974	31 589	69 032	417.9	1 060.6	541.1	1 345.1	1 002.74	2 647.62
1975	39 120	84 385	447.0	1 047.7	633.1	1 810.5	1 163.68	3 302.43
1976	60 535	131 617	517.2	1 206.0	861.1	2 344.3	1 483.64	4 352.94
1977	64 903	136 365	585.8	1 558.6	993.1	2 367.7	1 800.01	4 979.89
1978	49 215	113 130	682.7	1 692.6	692.9	2 006.0	1 553.08	4 995.17
1979	40 289	103 944	726.5	1 657.9	614.1	1 727.8	1 291.97	4 612.99
1980	31 300	87 077	616.2	964.8	383.4	1 550.9	969.79	4 538.29
1981	24 447	82 271	486.1	1 154.2	327.8	1 412.7	714.98	4 144.58
1982	20 874	80 775	310.6	1 032.2	279.3	1 363.1	640.52	3 887.97
1983	18 876	77 598	235.1	960.3	259.8	1 317.1	628.98	3 768.75
1984	17 847	75 867	189.8	950.4	262.3	1 302.5	689.81	3 864.34
1985	17 318	75 903	196.6	998.3	257.5	1 349.4	741.13	3 964.83

注：m表示数据缺失。

资料来源：《中国教育成就：统计资料（1949—1983）》《中国教育成就：统计资料（1980—1985）》。

二、普及高中阶段教育：从分流到多样性

改革开放之初"恢复教育秩序"，当时的教育政策虽然没有明确说明教育目标的改变，但是，政策一直强调保证教育质量，实际上说明教育目标从培养工人、农民转向了为升学服务。

（一）分流：发展职业高中

在中国社会传统中，"学而优则仕"是读书人的核心价值追求，也是浸透在社会风尚中的"教育目标"。在这种价值追求中，教育和职业准备没有关系，"学做工"是师徒制的任务。新中国成立之初，教育政策就一直对升学教育和"入仕"教育带来的"受过教育者"的失业或"分配困难"充满了焦虑。早在1957年，教育部就发布了《关于当前中、小学毕业生工作中应注意的几个问题的通知》，表达了对学生及其家长轻视体力工作，对升学过度关注的担心，同时，对地区间升学机会的差异可能引起的社会问题，以及毕业生安排做出了部署。①

20世纪80年代初恢复高中的秩序后，在提高教育质量的框架下，普通高中的升学准备功能，与职业高中、技校的分流功能也立即凸显出来。为了降低愈演愈烈的升学压力，从20世纪80年代起，国家开始了关于普通高中和职业高中的招生比例控制。但是，这种控制时松时紧，直到1998年普遍的扩招开始，职业高中的招生计划控制方式失效（见图2-5）。②

从改革开放恢复高中的升学准备功能以来，高中教育发展目标的设定，一直受到适应中国产业发展需求，应该促进职业教育的目标，与控制普通高中教育规模，抑制社会应试教育的需求的双重动

---

① 〔 〕东昌：《中华人民共和国重要教育文献》，761页，海口，海南出版社，1998。
② 〔 〕马树超、邱国华：《2000—2002年我国中等职业教育发展形势分析》，载《教育发展研究》，2003(11)。

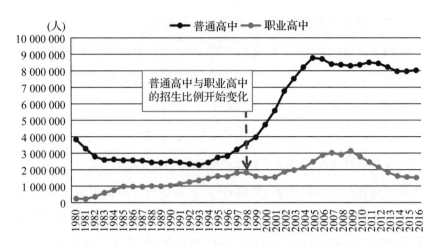

图 2-5　1980—2016 年普通高中与职业高中招生数的变化

机的影响。在这样的政策动机下，调控手段就是努力划分职业高中和普通高中的比例，用招生计划来对学生及其家长的选择行为施加影响。1998 年的扩招，不仅影响了招生计划调控的有效性，也改变了政府安排就业和职业选择的思维方式，同时为高等教育双向选择、自主就业模式的推行奠定了社会认知基础。

（二）普通高中的多样化

进入 21 世纪，我国普及义务教育的艰巨任务基本完成，内涵式发展的总体战略逐渐清晰。2001 年，在党中央、国务院的领导下，教育部正式启动了新一轮基础教育课程改革，颁发了《基础教育课程改革纲要（试行）》等一系列政策文件，课程改革不断深化，最根本的变化是学生自主选课。在完成必修课程的基础上，在三年 8 大领域 15 个科目的学习中，学生将根据自己的兴趣、爱好和发展方向分别选择文理、艺术类、研究类或技术类模块的学习。学生只要"每学年在每个学习领域都获得一定学分"，至于在一个领域内学哪门课，学生可以自己选择。与此相应，班级教学开始转变为"走班制"教学模式，改变课程管理过于集中的状况，实行国家、地方、学校三级课程管理，增强课程对地方、学校及学生的适应性。

高中教育已经基本普及，高中教育的功能发生了根本的变化，从只面向少数人的精英主义教育，转变为面向全体学生的大众教育，从职业准备和普通高中升学教育的绝对分野，转变为学生个体层面上的选择。当前的高中教育，虽然还存在职业、普通两种类型的区分，但是，高中多样化发展已经不局限于机构属性上的多样化，而是体现为普通高中内部，在课程、教学和学校管理风格上的多样化。

普通高中多样化的体现方式是课程、教学、管理层面上的多样化，它无法像职业高中和普通高中的分类方式那样，用机构属性进行统计指标上的划分，但是，这种多样化是在尊重独特性的基础上形成的多样化，具有更加健康的事业发展基础。

三、学前阶段教育机会的扩展

在回顾 40 年各项教育事业发展历程时，我们往往能够看到一条条"一路向上"的发展曲线，即使高中阶段教育经历过一段滞后发展，但仍然呈持续扩张的趋势，然而，学前教育事业发展却呈现出不同的格局。在启动快速发展之前，学前教育体系经历了结构和组织模式的根本变化。

学前教育入园率是一个非常复杂的定义。儿童年龄较小，并不要求每天到园，也不把全天在园作为一个目标，因此，一般入园率的统计方式，是以注册作为入园的标准。为了回避入园率带来的麻烦，本书用幼儿园绝对数量的变化，以及入园幼儿数量的历时变化，来说明改革开放 40 年来学前教育机会的变动。

（一）经济改革与学前教育单位制供给

改革开放之前，学前教育机构作为后勤服务保障的组成部分，镶嵌在集体经济中，涵盖城市中的各类单位和街道，也包括农村村社经济中的学前班。那时的学前教育是一套建立在集体经济和国有经济基础上的相当全面的幼儿教育和保健制度。

改革开放之后，农村集体经济首先瓦解，建立在农村集体经济之上的农村学前班和幼儿园丧失了其经济基础，开始了重新建构支持体系的过程。与此同时，城市国有经济也开始了以"承包"为主要形式的"下放"经营权的改革过程，企业剥离包括学前教育在内的社会福利功能，成为国有企业"轻装前行"的改革内容之一。[①] 学前教育机构赖以生存的支持体系的改革，将学前教育事业的发展"拖入"一个跌宕起伏的发展通道中。

从图 2-6 可以看出，每一波经济体制改革都给学前教育体系带来显著影响。农村改革先行，则农村学前教育首先萎缩，波段向下，直到 2001 年才开始出现"拐点"，进入缓慢的增长通道。2011 年，学前教育三年行动计划开始实施，农村幼儿园数出现一个小平台，然后又迅速增长。这个交替的背后是供给结构的巨大变化。

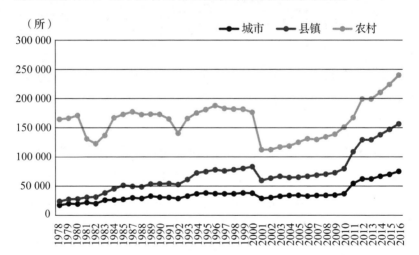

图 2-6　1978—2016 年分城乡学前教育机构数量的变化
注：1986 年《中国教育统计年鉴》未提供分城乡数据，图形未包括该年度；农村数据中包含学前班。
资料来源：历年《中国教育统计年鉴》。

---

① 　曾晓东：《我国幼儿教育由单位福利到多元化供给的变迁》，载《北京师范大学学报（社会科学版）》，2006(2)。

在城市和县镇，虽然国有企业一直在"下放"经营权，但是，直到 1993 年真正意义上的国有企业改革后，企业的合并和破产，开始导致城市和县镇由企业主办的幼儿园数量减少，城市幼儿园总量上的稳定主要由新增公办园补充。表 2-2 提供了农村和街道集体办园、民办园、公办园与国有企业办园此消彼长的过程。在 1993 年至 2002 年的 10 年间，学前教育的供给结构因国有企业和集体经济的衰弱，发生了重大的结构调整。自 2000 年起，民办幼儿园异军突起，学前教育事业进入由市场主导的增长阶段。

表 2-2　1993—2002 年分办别幼儿园数(所)

年份	集体办	民办	公办	国有企业办	合计
1993	119 437	m	17 861	27 899	165 197
1994	112 462	18 284	20 645	23 266	174 657
1995	114 863	20 780	21 561	23 234	180 438
1996	115 736	24 466	25 217	21 905	187 324
1997	106 738	24 643	30 694	20 410	182 485
1998	99 649	30 824	31 741	19 154	181 368
1999	90 979	37 020	35 710	17 427	181 136
2000	80 722	44 317	35 219	15 578	175 836
2001	55 682	44 526	m	11 498	111 706
2002	53 838	48 365	m	9 549	111 752

注：m 表示数据缺失。

(二)民办学前教育成为增长的主要力量

经历了 1998 年国企改革的艰难时期后，随着中国经济不断与世界接轨，人口流动率和经济效率不断提高，学前教育社会需求的规模和水平都在不断提高，市场力量开始自动地弥补社会需求。在国有企业办、集体经济办幼儿园数量不断缩减的同时，公办园和民办园开始补充该空缺。表 2-2 清晰地说明了这种变化。

2000 年后由市场主导的增长，推动了城乡学前教育机构规模的持续发展，学前教育告别了波动，进入稳定发展通道。但是，市场力量的社会影响，是刚刚建立起社会主义市场经济的中国社会所不熟悉的。从单位制供给学前教育，转型到市场供给作为主导力量，学前教育服务的属性也由单位福利特征转向价格调整供需。在短期内，当学前教育需求高于供给时，"入园难""入园贵"成为这个时期的主要矛盾。

(三)财政力量推动学前教育事业持续增长

针对"入园难""入园贵"的问题，社会舆论推动公共政策在解决问题层面有所作为。于是，国务院于 2011 年推出学前教育三年行动计划，财政成为推动学前教育进一步发展的力量，带动学前教育供给体系结构进一步调整。

2012 年，学前教育三年行动计划的效果开始显现。农村、县镇和城市幼儿园数量都出现一个平台，如表 2-3 所示。过去 10 年发挥主导作用的市场力量开始"萎缩"，而财政力量开始替代市场，在供给结构中发挥重要作用。特别是财政投入重点支持农村学前教育的发展，拉动农村学前教育以高于城市的速度增长。学者们在对学前教育三年行动计划效果进行评估和总结时，也都说明了财政投入对供给结构的显著影响。[1] 当然，这种显著的财政投入增长也带来了学前教育教师的短缺，以及对学前教育教师质量的强烈关注。[2]

三年行动计划对改变学前教育供给结构的影响是十分显著的。从 2012 年起，其他部门办园(包括企业、事业单位和部队办园)、集

---

① 郑名：《"学前教育三年行动计划"成效分析与政策建议》，载《学前教育研究》，2014(8)。

② 李敏谊、程旭：《论我国学前教育师资供给的困境与突围——基于第一期三年行动计划后的数据分析》，载《中国教育学刊》，2015(4)。

体办园开始止跌回稳，民办和政府办幼儿园成为事业发展的主要力量。

表 2-3 2003—2012 年分办别学前教育机构数(所)

年份	集体办	民办	政府办	其他部门办	合计
2003	51 774	55 536	m	9 080	116 390
2004	47 575	62 167	m	8 157	117 899
2005	24 054	68 835	25 688	5 825	124 402
2006	22 680	75 426	26 877	5 512	130 495
2007	10 710	77 616	26 697	5 063	120 086
2008	18 432	83 119	27 449	4 722	133 722
2009	17 542	89 304	26 958	4 405	138 209
2010	15 077	102 289	29 257	3 797	150 420
2011	13 162	115 404	31 044	1 805	161 415
2012	12 943	133 451	45 037	1 854	193 285

注：m 表示数据缺失。

2012 年后，政府办园持续增加，民办园的增长也在持续，集体办园和其他部门办园也稳定下来。经过 40 年的发展，应该说学前教育的供给格局已经基本确立，民办、政府办和以国有经济单位为基础的园所形成"三足鼎立"的局面。在此期间，分办别的幼儿园数量此消彼长，发生了明显的结构变化，那么，从制度层面又发生了什么变化去应对、去干预这种变化呢？

四、学前教育在园儿童数的变化

与幼儿园数量和类别的起伏变动不同，幼儿园在园儿童数量，在过去的 40 年里，在出生人口总体上呈减少趋势的情况下，却呈现持续上涨趋势，如图 2-7 所示。在改革开放之初的 1978 年，城市幼儿园在园儿童数为 1 384 500 人，县镇幼儿园在园儿童 702 600 人，

农村为 5 790 400 人，到 2016 年，这个数字分别增长为 15 910 581
人、17 052 679 人和 11 175 370 人，城市、县镇和农村在园儿童分
别增长为原来的 11.5 倍、24.3 倍和 19.3 倍。在各阶段教育中，学
前教育是增长最快的部分。

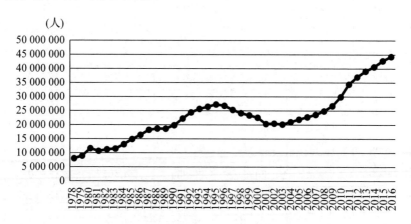

图 2-7　1978—2016 年在园儿童数的变化

　　从国际上看，儿童入园并不像义务教育那样，是一个公共政策
目标。但是，它确实是各国政府在家庭需要的时候提供的公共服务。
于是，在多大程度上提供、优先提供给谁，以及家庭需要支付多大
的成本，是非常敏感的公共政策话题。

　　然而，从图 2-7 中我们能够看出的是公众对公共政策和服务体
系的极端敏感性。1996—2004 年，在园儿童不断减少的时间段，是
社会热议"入园难""入园贵"的时期，也是国有企业剥离社会服务功
能，财税制度改革正在启动的时期；而 2010 年后的儿童入园数量的
迅速增长时期，正是实施学前教育行动计划，落实政府投入责任的
时期，也是"入园难""入园贵"，但是"质量担忧"、民办幼儿园集体
遭遇信任危机的时期。国有企业剥离社会职能的改革、财政投入为
主和民办幼儿园信任问题，都是学前教育服务供给体系的结构变化，
而财税制度改革以及相应的政府各个层级的责任划分，则是支持体

系的改革。每一项改革，以及每一个公共服务体系的变化，都会导致相应的公共话题的出现。由此，学前教育虽然不是家长的义务，但是，公共服务仍然非常重要，必须将学前教育服务的政策等级提高，才能保障供给和财政责任的做法是十分危险的。

五、从国际视野看高中和学前教育机会的扩展

在我国，随着九年义务教育普及任务的完成，很多人建议将义务教育延长至十二年，而且向下延长到学前教育还是向上延长至高中教育，支持者各执一词，立场难以调和。如果站在国际视野中审视中国的义务教育延长策略，会发现义务教育年限并不是越来越长，而是停留在九年。至于高中教育和学前教育，尽管普及，但是教育机会配置的逻辑却发生了根本的变化。无论是高中还是学前教育，教育机会越来越普及，但是选择的自由也越来越突出，灵活入学是义务教育之外的高中和学前教育的典型特征。

（一）国际视野中的高中教育

虽然发达国家的高中教育已经接近普及，高中阶段的供给类型也非常一致，普通高中和职业高中基本上是 55∶45，但也有加拿大这样的极端情况，95％的高中生都注册普通高中，而芬兰则正好相反，70％的学生注册职业高中，如表 2-4 所示。

从表中可以看出非常明显的高中教育机会的分布差异。在欧洲国家，如德国、丹麦，学生注册普通高中和职业高中课程的比例差不多，东亚国家的日本、韩国的职业教育不受学生青睐。似乎可以得出结论，职业教育和一个国家的教育传统有很大的关系。然而，作为 OECD 伙伴国，巴西、印度和南非等却有着比 OECD 高得多的普通高中机会，如表 2-4 所示。

表 2-4　部分 OECD 国家高中阶段学生的注册类型和净入学率(2014 年,%)

国家	学生注册的类型		15～19 岁学生的注册率	
	普通高中	职业导向	普通高中	职业导向
澳大利亚	49	51	34	8
加拿大	95	5	m	m
丹麦	58	42	40	12
芬兰	30	70	32	30
法国	57	43	37	24
德国	52	48	32	17
日本	77	23	45	13
韩国	82	18	46	19
瑞士	34	66	24	40
英国	57	43	44	23
OECD 平均	56	44	35	25
OECD 伙伴国				
巴西	92	8	40	4
印度	97	3	m	m
南非	88	12	m	m

注：m 表示数据缺失。
资料来源：OECD,《教育概览》(2017)，251 页。

净入学率从入学时间上揭示了高中教育的灵活入学特征。在 OECD 国家，15～19 岁的年轻人注册高中教育的比例普遍在 50%～60%，很多学生在初中毕业后并不马上升入高中，而是在随后的时间里渐次入学。因此，OECD《教育概览》统计 20～24 岁的年轻人注册高中教育的比例，即使到了 20 岁以后，仍然有 1.5%～2.0%的年轻人在读普通高中，又有 4%左右的年轻人在读职业高中。OECD 国家的高中教育为非传统就读年龄的人提供机会。于是，高中阶段教育机会扩张的核心，不是统一、标准化和强制等义务教育的特征，而是普及且灵活，这种供给特征不是义务教育的制度安排。

(二)国际视野中的学前教育

在学前教育方面，发达国家，除北欧国家外，学前教育还未普及，供给方式也非常多样化，有幼儿园、儿童中心、小学附设学前教育机构、医院建特殊儿童学前教育机构以及家庭托儿所。

相对于高中教育，学前教育的公共政策争论更激烈，既涉及资助家庭还是资助机构的问题，也存在保教质量的讨论。学前教育供给格局，体现了不同国家不同的儿童发展和家庭支持间的道路选择。从 2003 年起，OECD 就开始系统探讨成员国的学前教育公共政策，至今已经出版了五个专题报告，涉及供给体制、课程、质量、政策工具和监测等问题。

如果从入园率的角度看发达国家的学前教育，中国学前教育的入园率已经超过很多发达国家。表 2-5 提供了部分 OECD 国家学前教育入园率水平。

表 2-5　部分 OECD 国家 3～5 岁儿童的学前教育注册率(2014 年，%)

	2 岁		3 岁		4 岁		5 岁	
	01 级	02 级	01 级	02 级	02 级	小学	02 级	小学
澳大利亚	54	0	54	15	83	2	18	103
加拿大	m	m	m	m	m	m	m	m
丹麦	92	1	5	91	96	2	8	92
芬兰	52	0	0	68	74	0	79	0
法国	n. a	12	n. a	100	100	0	100	1
德国	65	0	0	94	98	0	99	0
日本	n. a	0	0	81	96	0	96	0
韩国	89	0	0	90	92	0	94	0
瑞士	n. a	0	3	0	44	0	98	0
英国	20	0	0	84	95	3	0	99

续表

	2 岁		3 岁		4 岁		5 岁	
	01 级	02 级	01 级	02 级	02 级	小学	02 级	小学
美国	m	0	m	42	68	0	84	6
OECD 平均	34	4	4	69	85	1	81	14
OECD 伙伴国								
巴西	33	1	47	10	72	0	86	8
印度	m	m	m	m	m	m	m	m
南非	m	m	m	m	m	m	m	m

注：按照国际教育标准的定义，早期教育被称为第 0 级教育，其中，早期儿童课程（early development program）被称为第 01 级教育，而小学前的教育（pre-primary education）被称为第 02 级教育；小学教育被称为第一级教育。m 表示数据缺失，n. a 表示不适用。

除了入园率水平的差异，中国学前教育提供的类型也主要是小学前的教育，和日本、韩国、德国非常类似，缺乏第 01 级和第 02 级教育的划分标准。当然，美国是发达国家中学前教育发展最不充分的国家，5 岁儿童的入园率也仅仅为 84％，即使加上已经注册小学课程的儿童，总注册率也仅为 90％。

第三节　走向大众化的高等教育

改革开放 40 年来，高等教育已由"精英化"逐步走向"大众化"。改革开放初期，高等教育资源有限，高等教育入学机会的竞争异常激烈，只有"精英"才能够上大学。而 1998 年高等教育财政制度改革和 1999 年高校扩大招生数量后，高等教育日益趋于大众化。常用的判断高等教育所处阶段的指标是毛入学率。所谓高等教育毛入学率，指的是高等教育中的在读人数与适龄人口数（一般指 18～22 岁的人口数）的比值。一般而言，高等教育毛入学率低于 15％时，被认为是精英教育阶段；高等教育的毛入学率处于 15％～50％时，被认为是大众教育阶段；高等教育毛入学率大于 50％时，被认为是普及教育阶段。所以，从图 2-8 的高等教育毛入学率情况可以看出：1990—2001 年，高等教育毛入学率一直低于 15％，说明这一阶段为精英化的高等教育阶段；2002—2016 年，高等教育毛入学率超过 15％但低于 50％，说明这一阶段为大众化的高等教育阶段。因此，1990—2016 年，高等教育毛入学率不断攀升，高等教育由精英化逐渐走向大众化。

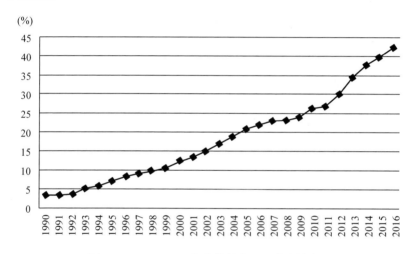

图 2-8　1990—2016 年高等教育毛入学率的变化

在高等教育整体扩张的过程中，高等教育体系内部也发生了许多变化，主要体现为普通高等本、专科教育人数的比例变化，研究生的人数变化，高中升学率（即高考录取率）的变化。而这些变化对今后高等教育体系的健康发展和持续进步具有非常重要的意义。

一、普通高等本、专科教育人数的比例变化

高等教育扩招的过程中，本、专科比例经历了一个先下降后上升的变化过程。1997—2002 年，普通高校本科招生比例始终高于 50％；2003—2008 年，普通高校本科招生比例一直略低于 50％；

2009—2016 年，普通高校本科招生比例一直略高于 50％，但不会超过 55％。这清楚地说明，在我国高等教育规模扩张初期，本科教育的扩张占据主要力量，随后专科教育的扩张占据主要力量，直到 2009 年后趋于稳定，并一直保持着本科教育比例微微高于专科教育比例的状态。图 2-9 是 1997—2016 年普通高等教育本、专科比例变化情况。

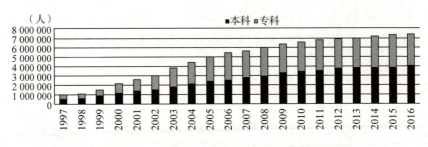

图 2-9　1997—2016 年普通高等教育本、专科比例的变化

二、研究生招生规模的变化

在高等教育扩张过程中，研究生招生规模也迅速扩大。1978—1999 年，研究生招生人数增长缓慢，始终低于 10 万人，平均每年增长 0.39 万人；2000—2016 年，研究生招生人数增长迅猛，由 2000 年的 12.8 万人激增至 2016 年的 66.7 万人，平均每年增长 3.37 万人。这说明，研究生招生人数的增长速度与高等教育扩张过程是大体一致的（见图 2-10）。

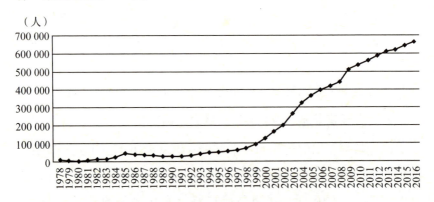

图 2-10　1978—2016 年研究生招生规模的变化

三、从国际视野看中国高等教育的发展

从国际比较的视角看我国高等教育的发展，可以发现我国高等教育虽然在规模上实现了大幅扩张，但在人员结构上并未产生太多结构性的变化，尤其是当下我国高等教育的主要人群仍然是传统学生。

我国高等教育扩招大大增加了接收高等教育的学生数量，但是，增量部分主要是高中毕业生升学率提高所致，高校学生群体仍然是传统学生。图 2-11 显示了近 20 年来各级教育机会扩大的程度，可以看出：(1)1990—2016 年，小学升初中的升学率逐渐上升，并从 2006 年开始一直非常接近 100%，这体现了九年义务教育政策的成果；(2)1990—2016 年，初中升高中的升学率逐渐平稳上升；(3)1990—1998 年，高中升学率始终低于 50%，而在 1999—2002 年，高中升学率出现了一个明显的跳跃，其后虽有微小波动但一直保持在 80%左右；(4)整体来看，高中升学率的变化与高等教育扩招的关系最为密切，其明显提升也正是受到高校扩招的影响。所以，高中升学率的变化给我们这个社会带来的影响也许是最大的，并可以推测高等教育扩招带来的入学机会增加主要惠及传统学生，也就是从高中直接升上来的学生。

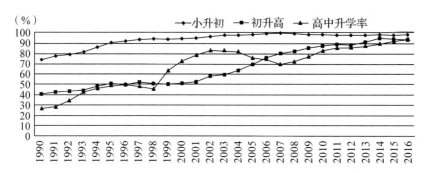

图 2-11　1990—2016 年各级教育升学率的变化

　　相较而言，发达国家的高等教育人口比例与我国有明显区别。表 2-6 展示了不同国家中不同年龄段人口的高等教育净入学率的差异，可以看出：(1)在 17 岁、18 岁、19 岁、20 岁的适龄青年中，中国与发达国家的高等教育净入学率差异不是非常大；(2)在 20～24 岁的群体中，中国的高等教育净入学率与墨西哥、巴西不相上下，但与发达国家的高等教育净入学率之间存在较大差异；(3)在 30～64 岁的群体中，中国的高等教育净入学率几乎为 0，低于表中的其他 10 个国家。所以，这在一定程度上印证了上文的观点，我国高等教育的受众主要是从高中直接升学的青年学生，缺少大龄群体，比如，有一定工作经验后再继续读书的学生。

表 2-6　不同国家中不同年龄段人口的高等教育净入学率(%)

国家	17 岁	18 岁	19 岁	20 岁	20～24 岁	30～64 岁
澳大利亚	5.8	33	44	45	34	3.7
法国	2.7	38	48	47	33	0.6
德国	0.3	6	18	27	28	1.2
韩国	1.0	63	74	68	51	0.9
墨西哥	2.9	18	24	25	18	0.5
新西兰	2.4	33	42	44	31	3.6
英国	1.0	21	37	40	24	1.9
美国	1.1	38	52	47	33	3.4
巴西	5.0	14	18	22	19	2.5
俄罗斯	39.0	61	60	53	30	1.3
中国	2.5	17	30	26	15	0.0

　　资料来源：根据 OECD《教育概览》(2016)表 C1.2 和表 C1.5 的有关数据编制。

　　总之，我国的高等教育虽然在规模上有大幅增加，但是在学生内部结构上变化并不大。与发达国家相比，我国的高等教育要适度增加大龄群体的受教育机会，允许高中毕业生先参与工作后接受高等教育，帮助不同年龄群体实现终身学习的目标。因此，高等教育机会的扩展，不仅要面对传统的由高中直接升学的学生，也要注意将机会扩展给在任何年龄都想学习的人。

最后，发达国家高等教育体系至少提供给我们三个重要的政策启示：第一，教育机会的扩大应该逐步扩大到非传统学生群体，例如具有一定工作经验的大龄群体；第二，终身学习机会的获得可以减少高考的焦虑，有利于引导大众将学习看作是一生的追求而非一时的任务，故而要提高教育机会在人生各个阶段的可获得性；第三，高等教育对不同年龄段的开放可以减少家庭的教育负担，帮助学生更好地在学习和工作之间转换，提高用自己的力量获得教育机会的能力。

第三章
教育体系的效率

　　教育支出，在任何一个国家都是一个庞大的支出项目。在我国总计的政府财政支出中，教育支出一直占据 20％左右。随着政府层级的下降，教育支出在地方政府的财政支出中的比例也会越来越高。那么，这样庞大的财政支出，是否获得了相应的效率？

　　什么是教育体系的效率？从理论上说，效率可以分为生产效率、配置效率和分配效率三种。生产效率考察投入产出过程，简单地可以计算"投入—产出比"；配置效率是从要素使用效率的角度讲，看要素之间的组合是否达到了最佳效果，不会因为某要素投入的短板，影响了整体的产出效率；分配效率，主要是指福利分配是否达到了帕累托最优的效果。对教育来说，配置效率和分配效率都存在，例如，教师要素与资本投入之间的组合关系，以及财政经费支出是否保证公立学前教育机会优先被弱势群体所享有。但站在回顾 40 年教育事业发展的角度看效率，最主要的效率还是产出效率，首先表现为学生的辍学和保留问题。

第一节　中小学阶段的保留率和毕业率

　　基础教育包括学前教育和中小学教育，其中，学前教育并不要求全日制入学，可以小时制入园，也可以半日制在园。因此，基础教育阶段的产出效率主要指保留率和毕业率。

一、义务教育阶段的辍学问题

"辍学"的英文是 drop out，原意为退出、离开，并没有什么特殊含义。但是，放置在义务教育的背景下，"退出"就有了政策意义，也使辍学率有了专业之外的含义。对地方政府来说，辍学率意味着有些学生没有完成义务教育，而义务教育的完成情况是地方政府业绩的核心考核指标之一。于是，降低辍学率就成为政府行为，而辍学率就成为一个敏感的指标。

按照当年毕业生数与三年前的招生数进行计算，可以得出当年的初中毕业率，用公式表示为：

$$G_i = \frac{B_i}{Z_{i-3}} \times 100\%$$

其中，B_i 表示第 i 年的毕业生数；Z_{i-3} 表示第 $i-3$ 年的招生数，G_i 则表示第 $i-3$ 年招收的学生中顺利毕业的比率。普通初中学生数和毕业率如表 3-1 所示。

表 3-1　普通初中学生数和毕业率

年份	毕业生数（人）	招生数（人）	在校生数（人）	毕业率（%）
1980	9 648 000	15 509 000	45 382 900	n. a
1981	11 542 000	14 127 000	41 445 800	n. a
1982	10 322 000	13 631 000	38 879 700	66. 6
1983	9 603 000	13 171 000	37 687 500	68. 0
1984	9 503 900	13 025 300	45 541 500	69. 7
1985	9 983 200	13 494 000	47 059 600	75. 8
1986	10 569 500	13 865 500	48 899 300	81. 1
1987	11 172 700	13 943 000	49 481 100	82. 8
1988	11 572 264	13 404 731	40 155 430	83. 5

续表

年份	毕业生数（人）	招生数（人）	在校生数（人）	毕业率（%）
1989	11 342 787	13 093 161	38 378 932	81.4
1990	11 091 026	13 698 609	38 686 508	82.7
1991	10 855 053	14 113 264	39 606 496	82.9
1992	11 022 484	14 650 128	40 659 051	80.5
1993	11 341 743	14 789 434	40 822 065	80.4
1994	11 526 031	16 163 581	43 168 600	78.7
1995	12 273 813	17 522 836	46 578 202	83.0
1996	12 790 377	17 607 019	49 704 292	79.1
1997	14 423 756	18 055 897	51 677 868	82.3
1998	15 801 833	19 613 640	53 630 247	89.7
1999	15 898 024	21 496 821	57 215 671	88.0
2000	16 070 868	22 633 039	61 676 458	81.9
2001	17 069 774	22 578 798	64 310 539	79.4
2002	18 798 695	22 522 972	66 040 609	83.1
2003	19 955 825	21 953 113	66 184 186	88.4
2004	20 703 868	20 782 272	64 750 006	91.9
2005	21 065 150	19 765 246	61 718 079	96.0
2006	20 623 876	19 236 229	59 373 792	99.2
2007	19 568 428	18 637 499	57 208 992	99.0
2008	18 628 943	18 561 663	55 741 542	96.8
2009	17 947 254	17 863 912	54 336 420	96.3
2010	17 485 714	17 154 930	52 759 127	94.2
2011	17 354 963	16 340 088	50 642 058	97.2
2012	16 598 408	15 702 395	47 611 803	96.8
2013	15 608 243	14 957 333	44 390 732	95.5
2014	14 131 906	14 475 842	43 838 572	90.0
2015	14 173 917	14 108 469	43 114 419	94.8
2016	14 237 177	14 870 268	43 289 950	98.4

注：n. a 表示不适用。

二、高中阶段的毕业率

高中阶段教育已经不属于义务教育范畴，学生离开学校可能基于各种原因，它是个体的选择行为，因此，毕业率也就只具有教育内部的分析意义了。普通高中学生数和毕业率如表 3-2 所示。

表 3-2　普通高中学生数和毕业率

年份	毕业生数（人）	招生数（人）	在校生数（人）	毕业率（%）
1980	6 162 000	3 834 000	9 697 900	n. a
1981	4 861 000	3 278 000	7 149 800	n. a
1982	3 106 000	2 793 000	6 405 200	81.0
1983	2 351 000	2 598 000	6 289 800	71.7
1984	1 898 400	2 623 300	6 898 100	68.0
1985	1 966 000	2 575 100	7 411 300	75.7
1986	2 240 400	2 573 200	7 733 700	85.4
1987	2 467 800	2 551 600	7 737 300	95.8
1988	2 505 641	2 442 686	7 459 787	97.4
1989	2 431 684	2 421 434	7 161 229	95.3
1990	2 329 608	2 497 561	7 173 107	95.4
1991	2 229 493	2 438 157	7 228 522	92.1
1992	2 261 252	2 347 321	7 048 933	90.5
1993	2 317 127	2 283 351	6 569 068	95.0
1994	2 093 021	2 433 887	6 648 043	89.2
1995	2 016 441	2 736 477	7 131 588	88.3
1996	2 049 283	2 822 297	7 692 469	84.2
1997	2 216 630	3 226 143	8 500 697	81.0
1998	2 517 845	3 595 520	9 380 013	89.2
1999	2 629 091	3 963 239	10 497 078	81.5
2000	3 015 089	4 726 861	12 012 643	83.9

续表

年份	毕业生数（人）	招生数（人）	在校生数（人）	毕业率（%）
2001	3 404 570	5 579 790	14 049 717	85.9
2002	3 837 605	6 767 049	16 838 105	81.2
2003	4 581 235	7 521 264	19 648 261	82.1
2004	5 469 351	8 215 096	22 203 701	80.8
2005	6 615 713	8 777 317	24 090 901	88.0
2006	7 270 693	8 712 080	25 144 967	88.5
2007	7 883 143	8 401 644	25 224 008	89.8
2008	8 360 593	8 370 063	24 762 842	96.0
2009	8 237 220	8 303 384	24 342 783	98.0
2010	7 944 335	8 362 359	2 427 3351	94.9
2011	7 877 401	8 507 799	24 548 227	94.9
2012	7 915 046	8 446 071	24 671 712	94.7
2013	7 989 789	8 226 961	24 358 817	93.9
2014	7 996 189	7 965 960	24 004 723	94.7
2015	7 976 535	7 966 066	23 743 992	97.0
2016	7 969 902	8 029 206	23 710 461	100.0

注：n.a 表示不适用。

当高中阶段的毕业率维持在 100% 的水平上时，很难说这个数字有直接的、简单的政策意义。

相对来说，由于贫困导致的毕业率较低是容易解决的，如奖学金、助学金和贷学金都是合适的工具。尽管在实际执行过程中，这些政策工具的执行效果受到家庭信息质量的影响，但至少在政策工具的选择上，解决贫困导致的低毕业率的政策工具是明确的。然而，如果低毕业率是由低成就感、学业失败导致的，那么，从政策上解决学业失败效果并不好，需要微观层次上的、个性化的干预措施，而这一点是世界各国面临的难题。

政策上的应对方案仍然存在，即入学弹性和入学机会开放。当学生经历了一些成长中的问题后，任何时候拥有入学的愿望，或者继续学习的动机，都可以重新进入高中，开始自己的高中学习。在OECD国家，有6％左右的年轻人是在20～24岁注册高中阶段教育的。

第二节　高等教育的毕业生规模和保留率

1978年春天，我国高等教育终于迎来了恢复高考后的第一批学生。40年来，我国高等教育在多方力量的推动与促进下，走过了一条独具特色的道路，实现了由精英化教育向大众化教育的转变。与此同时，高等教育体系的产出格局也发生了巨大的变化。

一、中国高等教育毕业生规模和层次

（一）本、专科毕业生的总体规模和结构变化

改革开放40年来，我国高等教育本、专科毕业生的总体规模变化以高校扩招后3～4年为拐点，大体经历了两个阶段。1978—2001年，本、专科毕业生总数由16.5万人增长至103.6万人，年平均增长率为27.4％，增长速度较慢；2002—2016年，本、专科毕业生总数由123.6万人增长至704.2万人，年平均增长率为40.7％，增长速度较快。图3-1清晰地呈现了高等教育体系产出的变化情况。

1997—2016年，高等教育本、专科毕业生的总体规模持续上升，与此同时，本、专科毕业生比例虽有轻微波动，但一直保持在各占50％左右（见图3-2）。这说明本科教育和专科教育对普通高等教育毕业人数增长的贡献大致相同。本、专科毕业生人数的大体持平状态，对高等教育体系的发展和人才市场的供给具有重要意义。

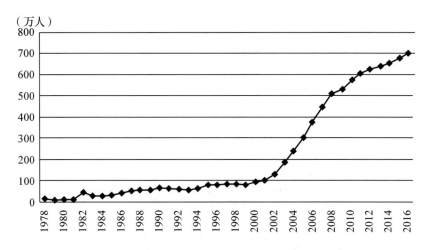

图 3-1　1978—2016 年高等教育本、专科毕业生总数的变化

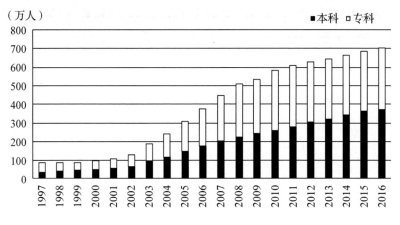

图 3-2　1997—2016 年高等教育本、专科毕业生结构的变化

（二）研究生毕业生的总体规模和结构变化

研究生毕业生的总体规模在 40 年间也发生了巨大改变。1978—2002 年，研究生毕业生人数增长缓慢，且一直低于 10 万人，平均每年增长 3 368 人；2003—2016 年，研究生毕业生人数增长迅速，由 11.1 万人增至 56.4 万人，平均每年增长 34 834 人。图 3-3 清晰地呈现了研究生毕业生总体规模的变化情况。

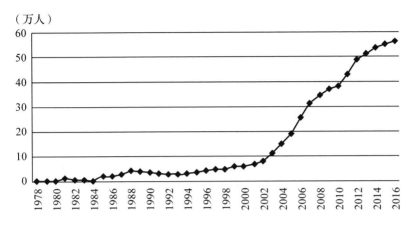

图 3-3　1978—2016 年研究生毕业生总数的变化

1997—2016 年，研究生毕业生总体规模稳健增加。同时，研究生毕业生的层次比例结构有所改变，并大体呈现出硕士毕业生比例增加、博士毕业生比例降低的趋势。具体来看，博士毕业生比例从 19％逐渐下降到 10％，硕士毕业生比例从 81％逐渐上升至 90％。这种结构性的改变说明，高端人才在近 20 年间有大幅提升，主要是靠硕士生人数的增加拉动的。图 3-4 展示了 1997—2016 年硕士和博士毕业生的增长情况。

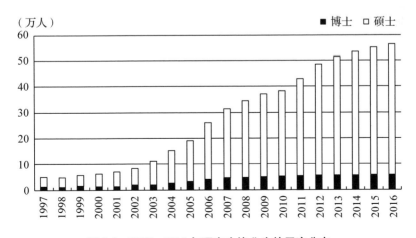

图 3-4　1997—2016 年研究生毕业生的层次分布

二、从国际视野看中国高等教育毕业生规模和层次

从以上 40 年来中国高等教育毕业生的规模和层次的分析中，可以发现最近 20 年高等教育规模急剧扩张，层次分配也日趋稳定。从一定意义上讲，发达国家的高等教育发展现状可以为我们审视中国高等教育的发展提供参照，可以让我们了解世界上大多数国家（尤其是发达国家）的本、专科比例大概是多少，发达国家所关心的高等教育保留率和净毕业率，对我国的高等教育发展具有哪些启示。下面则基于国际比较的视角，来分析中国高等教育的发展（规模变化和结构调整）与其他国家高等教育发展的区别和联系，这对把握我国高等教育的发展趋势具有很大的参考价值。

（一）本、专科的比例

按照 1997 年修订的国际教育分类标准，我国的本、专科教育的划分相当于国际标准分类高等教育中的 A 类和 B 类教育。表 3-3 是部分国家高等教育中 A 类、B 类的净入学率情况，可以发现国家间的差别非常大：（1）在韩国、日本和新西兰，A 类具有绝对优势；（2）在英国、法国、中国、德国和澳大利亚，A 类和 B 类的比例大体持平；（3）在瑞士，B 类占据主要部分。从中可以发现，大多数发达国家的 A 类净入学率都要稍高于 B 类。参照这样的标准，在我国高等教育体系中，本科比例可以再稍增加；同时，还说明我国职业教育不发达，A 类、B 类教育在功能上没有很好地加以区分。

表 3-3　部分国家的高等教育中 A 类和 B 类净入学率的分布比例（%）

	韩国	日本	新西兰	英国	法国	中国	德国	澳大利亚	瑞士
A 类	82	77	66	57	57	56	52	49	34
B 类	18	23	34	43	43	44	48	51	66

资料来源：根据 OECD《教育概览》（2016）表 C1.3 的有关数据整理而成。

（二）高等教育的毕业率

下面则对高等教育中本科、硕士和博士的毕业率情况进行国际比较。从表3-4可以看出，在本科毕业率、硕士毕业率和博士毕业率方面，中国与发达国家均存在较大差距。这说明，虽然近40年来中国高等教育实现了由精英化向大众化的过渡，但是横向比较来看，中国高等教育的发展仍然有很长的路要走。

表3-4　部分国家高等教育中本科、硕士和博士毕业率的比较（%）

国家	本科		硕士		博士	
	全部	低于30岁	全部	低于35岁	全部	低于35岁
澳大利亚	44	35	8	6	1.5	0.8
德国	29	21	15	14	2.3	1.9
加拿大	35	31	10	8	1.2	0.7
日本	44	—	7		1.0	—
瑞士	44	34	13	12	1.5	1.2
新西兰	45	34	5	3	1.2	0.6
英国	42	38	14	10	1.6	1.1
美国	37	—	18	—	1.1	—
中国	22	—	2	—	0.2	—

注：此处所指毕业率是以毕业学生数占学龄人口的比来计算的。

资料来源：根据OECD《教育概览》（2016）表A3.1的有关数据编制。

世界上许多国家，都曾经在某个时刻经历高等教育的急速扩张阶段，中国亦是如此。从国际比较的视角来看中国高等教育的规模扩张和结构变迁，对我们认识中国高等教育发展的现状，为高等教育的可持续发展奠基具有重要的理论价值和参考意义。具体而言，在保证我国高等教育规模扩张的同时，我们需要注意：第一，明确本科教育和专科教育的本质区别，有计划地对本、专科比例进行调整，从而培养满足当下社会经济发展需要的人才；第二，进一步提高高等教育中各个阶段（本科、硕士、博士）的毕业率，保证高等教育产出中的人才数量，为国家发展和社会进步储备充足的人力资本。

第二部分　教育事业发展的支持体系建设

什么是教育事业发展的支持体系？就是为维持教育事业的顺利运转，而提供的经费、人力和技术条件。改革开放40年来，教育事业扩张阶段的支持体系建设是满足扩张的需要，补充各种短缺的要素和设备、设施。到了内涵式发展阶段，支持体系需要适应结构调整的需要，将支持体系的调整作为重要的政策杠杆，"撬动"结构调整过程。

为了全面反映教育事业发展的支持体系在过去40年的发展历程，本部分分三章对教育经费配置标准、教育支出水平和教师要素投入进行分析。

第四章
教育资源配置

　　我国改革开放已有 40 年，这 40 年里我们经历了从教育资源极度匮乏不得不实行"人民教育人民办"的方针政策，到 2012 年教育财政经费投入占 GDP 总量达到 4％的标准，实现了巨大的突破。在"后4％时代"，我国的教育经费投入已经基本充足，但是对教育资源配置问题的研究远远没有结束。1978 年，本森（Benson）研究讨论了一项"好的"教育资源配置应具备的条件：其一，政府部门承担的公共教育投入是否有效；其二，对教育服务的供给是否充足；其三，公共教育投入是否保障了教育公平。1991 年，美国教育经济学家亨利·莱文（Henry M. Levin）则基于本森的研究，将教育资源配置的评判标准进一步细化为教育经费投入的充足性、使用的效率性及公平性。可见，在"后 4％时代"，我们在保证教育经费投入稳定增长的前提下，最应该关注的是教育资源配置的结构和效率问题。资源配置的效率包括两个层次：一是看资源配置的结果能否实现社会福利的最大化；二是看投入与产出的比较，在既定投入的情况下，能否实现产出最大化。

第一节　教育经费预算拨款制度的演变

在市场经济条件下，生产厂商依据市场价格、成本信息和市场预期确定生产什么和生产多少，以此为逻辑起点，可以认识到经济领域生产过程的差异和一致性，理解教育机构所处的独特的制度环境。

公立学校和厂商的根本差异，在于公立学校生存所需要的经费来自公共财政，学校按照办学需要，通过预算过程获得经费。在这个过程中，学校需求转化为教育经费，需要预算过程和预算标准以及支出过程作为基础性的制度安排。然而，发展中国家的典型特征就是法治基础薄弱，预算标准、过程和支出不规范。在过去 40 年的时间里，公立学校的经费支持体系是怎样一步一步建立起来的呢？

一、从短缺到规范预算

中国于 1986 年开始实施九年义务教育，当时的财政非常弱，学龄人口规模很大，因此，经费缺口非常大。动员社会力量多渠道筹集教育经费，成为很长一段时间里实施义务教育的重要策略。

（一）以"教育优先发展"促进投入增长

在社会动员的同时，中国政府也一直在努力建立稳定的、规范的义务教育财政支持体系。为此，早在 1993 年，中共中央和国务院颁布的《中国教育改革和发展纲要》就提出，到 2000 年年末，财政性教育经费占 GDP 的比例要达到 4％，通过提出明确的"教育优先发展"战略，协调部门之间、省区之间在教育投入上的行为一致性。然而，由于财政支出压力过大，"教育经费占到 GDP 的 4％"这个由来已久的目标，却始终没能成为现实。2006 年，全国人大审议通过了《国民经济和社会发展第十一个五年规划纲要》，再次规定：逐步使财政性教育经费占国内生产总值的比例达到 4％。在其后的几年中，尽管教育投入占 GDP 的比例一度接近这个目标，但一直到 2012 年才实现这个目标。2012 年国家财政性教育经费支出 21 994 亿元，占GDP 比例达到了 4％，成为中国教育事业发展的里程碑。以"教育优先发展"的名义，协调了部门之间、省区之间的教育投入行为，以高强度的国家动员不断提高教育经费投入水平。

（二）从国家动员到制度规范

国家财政性教育经费占 GDP 的比例达到 4％的目标实现后，"后4％时代怎么办"成了社会热点。一种观点认为，4％仅是初步达到基本标准，未来需要在此基础上不断提高教育经费投入水平，最终在2020 年时占 GDP 比重达到 4.5％～5.0％；另外一种观点则认为，4％的目标达到后，需要考虑教育经费的使用是否恰当，需要评估经费支出的使用效率。于是，开启了以规范化制度建设，替代行政动员的艰难的制度建设过程。[1]

二、事业单位分类改革与政府间事权划分

我国教育财政拨款模式的形成经历了一段漫长的历史，至今仍存在许多问题，影响了教育资源配置效率的提高。从财政支出的制度建设上看，走过了两个主要的阶段：（1）基数加发展（1978—1985年），特点是当年各校的经费分配额以其前一年所得份额为基础，适当考虑当年变化情况；（2）综合定额加专项补助阶段，可以被认为是从 1986 年至今仍然使用的拨款方式，不过，也可以将 2002 年至今的阶段作为独立阶段，称为"基本支出预算和项目支出预算"。

"综合定额加专项补助"的核算方法：确定一名学生的经费综合定额，然后乘以当年的在校生数，再加上一定的专项补助经费。在省域范围内，相同学科的学生获得的综合定额是一致的，差异主要通过专项补助体现，这在一定程度上造就了高校的"千校一面"。

---

① 曾晓东、龙怡：《后 4％时代，路该怎么走——对各省区市 2012 年财政性教育经费使用情况的调研与思考》，载《光明日报》，2013-03-20。

2002 年后的改革，主要体现为落实财政制度改革"三驾马车"中的"集中收付制度"，将预算核算方式改革为"基本支出预算和项目支出预算"，希望通过改进财政管理模式，将预算外资金也纳入财政管理，从源头上、制度上预防和治理腐败。

在地区间财政能力和责任差异巨大的情况下，统一财政支出责任需要将中央与地方财政事权和支出责任，以法律和行政法规的形式规定，让行政权力在法律和制度的框架内运行，加快推进依法治国、依法行政。于是，2016 年国务院发布《关于推进中央与地方财政事权和支出责任划分改革的指导意见》，开启了治理结构与财政支出制度改革同时启动的法治化进程。① 到目前为止，教育机构依据履行公益性的程度差异，划分为公益一类和公益二类两种，财政经费保障机制相应地也按照机构属性进行分类管理。因此，我国教育财政制度还处于从国家动员机制，转型为政府间财政事权和支出责任划分法治化、规范化的过程中。

第二节　教育资源配置的基本状况

著名经济学家熊彼特曾说，政府的所有功能都需要财政支撑，同时，政府的所有行为都反映到财政上。本章第一节，梳理了我国教育经费预算拨款制度的演变，这个制度变迁的过程也体现在支出的总量和结构性数据上。

一、国家财政性教育经费分配

国家财政性教育经费，反映的是各级政府为了办教育所付出的预算内和预算外的费用，主要包括公共财政预算安排的教育经费、政府

---

① 李森：《试论公共产品受益范围多样性与政府级次有限性之间的矛盾及协调——对政府间事权和支出责任划分的再思考》，载《财政研究》，2017(8)。

性基金预算安排的教育经费、企业办学中的企业拨款、校办产业和社会服务收入用于教育的经费，是教育责任在财政支出上的反映。

世界银行在 20 世纪 80 年代，在发展中国家推行结构调整时，有一个重要的结论，即发展中国家短缺的教育经费，没有投向对社会整体福利贡献更大的中小学教育，却主要投向高等教育，让教育经费支出呈现逆向转移支付及配置效率低下的状态。由此，世界银行在全球推行"结构调整贷款"。在我国，高等教育在最近 20 年里一直占有财政性教育经费支出的 20%～25%，这是一个相对比较合理的比例（见图 4-1）。

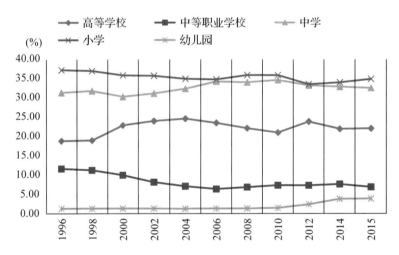

图 4-1 1996—2015 年各教育阶段国家财政性教育经费分配比例

1996—2015 年，我国国家财政性教育经费的分配比例呈现出小学阶段最高，中学阶段次之，幼儿园分配比例最低的状态。其中，幼儿园在国家财政性教育经费中所占的比例在近几年有所增加。

二、各省（区、市）国家财政性教育经费分配比例

按照我国中央和地方财政事权与支出责任划分的指导意见，公益性事权由中央政府决定，但是，各省（区、市）由于人口构成和分布密度不同，所负担的高等教育规模不同，各省（区、市）的财政性

教育经费占国家财政性教育经费总支出的比有非常大的差异。表 4-1
提供了各省(区、市)的具体数据。

表 4-1　1996—2015 年各省(区、市)教育经费支出在国家财政性
教育经费中的占比(%)

地区	1996	2000	2002	2004	2006	2008	2010	2012	2014	2015
北京	4.62	5.91	7.07	6.55	6.51	6.21	5.84	5.97	5.65	5.88
天津	1.69	1.65	1.75	1.79	1.74	1.58	1.66	2.02	2.22	2.32
河北	4.24	4.28	3.97	3.85	4.12	3.88	3.99	3.74	3.54	3.49
山西	2.37	2.16	2.25	2.21	2.50	2.42	2.50	2.41	2.33	2.22
内蒙古	1.98	1.86	1.83	1.84	1.93	2.03	2.26	2.40	2.27	2.22
辽宁	4.86	4.05	3.70	3.75	3.99	3.95	3.66	3.63	3.39	2.93
吉林	2.81	2.68	2.45	2.30	2.18	2.17	2.25	2.17	2.07	1.90
黑龙江	3.52	3.45	3.28	3.19	2.92	2.87	2.60	2.43	2.37	2.29
上海	4.87	5.30	5.02	5.00	5.33	4.57	3.84	3.89	3.64	3.60
江苏	6.68	7.42	6.51	6.77	7.09	7.01	6.66	6.94	6.91	6.95
浙江	4.09	4.86	5.61	6.03	6.27	5.59	5.16	4.87	4.60	4.76
安徽	2.95	3.08	2.86	2.99	3.05	3.22	3.15	3.64	3.64	3.47
福建	3.10	3.22	3.22	3.22	2.99	2.85	2.86	2.75	2.78	2.87
江西	2.10	1.92	2.01	1.90	1.90	2.30	2.27	2.71	2.83	2.86
山东	6.40	6.48	6.24	5.95	5.80	6.10	5.57	6.36	6.32	6.29
河南	4.80	4.54	4.40	4.41	4.57	5.04	4.92	5.02	5.20	5.10
湖北	3.76	3.82	3.73	3.53	3.26	3.44	3.60	3.21	3.25	3.46
湖南	4.00	3.50	3.26	3.17	3.23	3.43	3.56	3.32	3.61	3.56
广东	8.74	8.17	8.40	9.87	9.09	8.42	7.79	7.57	7.80	8.04
广西	2.95	2.52	2.56	2.49	2.34	2.55	2.55	2.64	2.67	2.77
海南	0.87	0.62	0.57	0.54	0.61	0.68	0.76	0.75	0.77	0.77
重庆	N	1.69	1.77	1.81	1.85	1.96	2.14	2.23	2.27	2.28
四川	6.43	4.23	4.38	4.19	3.98	4.66	5.53	4.72	4.90	4.84
贵州	1.37	1.52	1.66	1.80	2.00	2.07	2.25	2.10	2.44	2.61
云南	3.10	3.30	3.19	3.00	2.98	2.71	3.12	3.04	3.21	3.06
西藏	0.30	0.32	0.31	0.46	0.56	0.50	0.48	0.43	0.48	0.58
陕西	2.59	2.65	2.83	2.67	2.47	2.69	3.25	3.25	3.31	3.18
甘肃	1.61	1.68	1.70	1.69	1.64	1.75	2.09	1.82	1.83	1.88
青海	0.41	0.41	0.46	0.44	0.48	0.50	0.61	0.79	0.60	0.71
宁夏	0.44	0.45	0.50	0.47	0.54	0.68	0.59	0.64	0.59	0.60
新疆	2.36	2.25	2.52	2.13	2.08	2.21	2.47	2.54	2.50	2.51

由表 4-1 可知，1996—2015 年，国家财政性教育经费所占比例最高的 4 个地区依次是广东、江苏、北京、山东，最低的 4 个地区分别是海南、青海、宁夏和西藏。前者人口多，也是高等教育集中的地方。

尽管教育经费支出的形成过程非常复杂，我国的行政区划在大小、人口和教育机构分布上也差别很大，从分省（区、市）教育经费占全国总的财政性教育支出的比例中，很难判断支出的合理性。但是，如果将人口、发展水平和教育机构存量比较相似的省（区、市）放在一起，如将几个人口大省——山东、四川、广东、江苏和河南放在一起，就可以发现这几个地区呈现比较稳定的趋势。

第三节 教育资源配置效率在各教育阶段体现的特殊性

事业单位分类管理的原则，从制度上确定了不同教育阶段政府责任的差异以及相应的国家财政支出责任的不同。义务教育是公益一类，而高等教育、高中教育和学前教育均属于公益二类。由此，决定了教育资源配置格局的差异。

一、高等教育成本分担体制改革

高等教育具有非竞争性、非排他性和不可分割性，因此是一种公认的准公共产品。由于高等教育的准公共产品性质以及具有较高私人收益回报率，因此，按照谁受益谁买单的经济原则，高等教育的成本应由不同受益方来分担。这不仅关乎高等教育的持续健康发展，而且对教育资源配置效率的提高具有重要意义。

1986 年，布鲁斯·约翰斯通（D. Bruce Johnstone）在其专著《高等教育的成本分担：英国、联邦德国、法国、瑞典和美国的学生财政资助》中指出，高等教育成本应由高等教育受益各方根据各自收益高低及支付能力大小对高等教育成本进行分担，并认为高等教育的成本主要包括教学成本、学生生活成本和机会成本，分担的主体主要是政府、学生、家长、高校、社会人士，而分担比例应该由各方的教育收益率决定。在我国，高等教育成本分担体制的形成经历了一个漫长的过程，至今仍在探索中。1998—2007 年我国高等教育经费筹措主体的投资比例如图 4-2 所示。

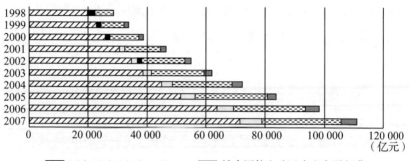

图 4-2　1998—2007 年高等教育经费筹措主体的投资比例变化

（一）国家财政负担阶段（1978—1985 年）

1951 年，政务院在《关于 1951 年度财政收支系统划分的决定》中规定：教育经费按学校直接领导关系分别列入中央、大行政区、省（市）三级预算。工农子女上学不缴纳学费，同时还享受人民助学金。由此形成了中国高等教育由财政负担的基本框架。改革开放后，恢复高考和大学办学秩序，但是，高等教育成本由财政负担的格局没有改变，教育事业费主要投向高等教育，教育事业费支出在财政总支出中的比重基本上都低于 10%，如表 4-2 所示。

表 4-2　1978—1985 年教育事业费支出情况与相应的学生规模

年份	财政总支出（亿元）①	教育事业费支出（亿元）②			②占①（%）	GNP（亿元）③	②占③（%）	人均 GNP（元）④	高校在校生数（人）	人均事业费（元）
		合计	高教	普教						
1978	1 110.95	65.60	11.63	53.97	5.90	3 588.1	1.83	375	856 322	1 358.1
1979	1 273.94	76.96	16.40	60.56	6.05	3 998.1	1.92	413	1 019 950	1 607.9
1980	1 212.73	94.18	19.13	75.05	7.77	4 470.0	2.11	456	1 143 712	1 672.6
1981	1 114.97	102.48	22.28	80.20	9.19	4 773.0	2.15	480	1 279 472	1 741.3
1982	1 153.31	115.68	23.86	91.82	10.03	5 193.0	2.23	515	1 153 954	2 067.7
1983	1 292.45	127.85	27.84	100.37	9.89	5 809.0	2.20	568	1 206 823	2 306.9
1984	1 546.40	148.16	32.72	115.44	9.58	6 962.0	2.13	671	1 395 656	2 344.4
1985	1 844.78	184.16	m	m	9.98	8 557.6	2.15	814	1 703 115	m

注：m 表示数据缺失。

资料来源：《中国教育成就：统计资料（1949—1983）》《中国教育成就：统计资料（1980—1985）》。

在过去的 40 年中，由于中国的教育经费统计指标的统计方式和口径有非常大的调整，因此，很难用一致的口径去分析经费投入的历时性变化。例如，当时使用 GNP 作为一国创造的财富总额。但是，即使统计口径发生很大调整，我们仍然能够看出国家财政负担高等教育的特征。1978 年，高校人均事业费是人均 GNP 的 3.6 倍，1985 年下降为 3.5 倍，但仍然说明 3～4 个人创造的财富，才能承担一个大学生的培养成本。

(二)国家负担为主，个人、社会分担为辅的转型阶段(1985—2000 年)

1985 年《中共中央关于教育体制改革的决定》规定，高等学校在完成国家计划的前提下，可以接受社会各部门的委托，实行有偿服务。由此，高等教育逐年加大委培生的招生数量，用人单位直接分担教育成本的比例也随之增加。《中共中央关于教育体制改革的决定》同时提出多渠道筹措教育经费。有些省份的社会力量开始办民办大学，参与高等教育活动，分担一定的教育成本；有些高校开始招收自费生，公立大学的自费生和民办大学的学生开始分担生活费以外的教育成本。从此，国家教育经费统计开始统计多种经费收入，高等教育成本分担的格局出现了新变化。1985 年的大学收费改革还只是针对委托单位收费，没有针对个人收费；1989 年，我国高等教育开始向学生征收学杂费，并根据社会需求确定了不同专业的收费标准，提高了个人负担高等教育成本的比例。

在此期间，高等教育也经历了从"双轨"到"并轨"的发展。1989—1996 年，政府开始扩大收取学费的范围，正式确立对公费生免费和对自费生收费的"双轨制"收费政策。公费生缴纳较少的学杂费，就业由学校推荐或定向分配；而通过市场调剂的委培生和自费生，缴纳较高的费用，毕业后可以到委培单位就业或者自由择业。1997 年，考虑到收费"双轨"给学校管理带来的问题，也考虑到市场机制在资源配置中逐渐发挥基础性的作用，在上海两所学校试点的基础上，开始在全国范围内对高等院校完成"并轨"，推行全面收费的政策。

（三）个人和社会分担较高的高等教育成本阶段（2001—2006 年）

这个时期是高等教育规模大发展的时期，也是个人和社会分担较高高等教育成本的时期。"并轨"后，又恰逢高校呈现强烈的扩大规模趋势，收取更多的学费，于是政府开始遏制收费上涨。

在此期间，政府文件频出，但收费上涨势头并未完全遏制。2007 年，国务院印发《关于建立健全普通本科高校高等职业学校和中等职业学校家庭经济困难学生资助政策体系的意见》，规定"今后五年，各级各类学校的学费、住宿费标准不得高于 2006 年秋季相关标准"。该文件被称为动用政府强大行政力量，遏制大学学费上涨冲动的"限涨令"。

（四）2006 年之后

2012 年，"限涨令"政策到期，宁夏回族自治区听证方案中提出学费平均涨幅 62.2％、最高涨幅 86.7％的拟调标准，引起社会一片哗然，被称为学费"报复性上涨"。随后，天津、浙江、江苏等 10 余个省区市于 2014 年相继调整公办高校学费；2016 年，广东、江西上调了学费，海南、内蒙古也加入上调学费标准的队伍。新一轮高校学费涨价依然引起了社会公众的高度关注，质疑大学"乱涨价"、听证会"走程序"。2016 年，教育部等四部门联合印发《关于 2016 年规范教育收费治理教育乱收费工作的实施意见》，指出："根据办学成本、群众经济承受能力，建立健全高校收费标准动态调整机制。"

大学收费制度 20 年来的跌宕起伏，反映了政府经费和市场资源对高校的双重作用。政府不断调整行政手段来管理大学收费，又不得不承担高额行政成本，也担负起更多的财政压力。政府的行政调控没能解决高校财政问题和家庭负担问题，它并不利于高校的多样化发展，也不利于高等教育质量的整体提升。

从 2006 年"限涨令"到现在，又是 10 余年过去了，高校的外部治理体系仍然没有建立起来，但是，目前的制度环境和政府管制市场经济的能力已经获得长足进步，社会整体的法律意识已经和当年不可同日而语。深化体制改革，为高校奠定恰当的外部治理环境，同时，推动高校建立现代化内部治理体系。经费的筹措和支出，归根到底，是一个法律框架的建设和运行问题。

二、国际高等教育成本分担的主要模式

(一)多元化的高等教育成本分担模式

美国是高等教育成本分担主体多元化的典型国家，其高等教育成本分担主体主要有：(1)政府支付，包括联邦、州和地方政府的一般性机构拨付、对高等教育机构的补助、学生的资助(奖学金和贷款)及与高校签订的合同(主要是科研合同) 支付；(2)学生缴纳，包括学费、杂费及各种费用；(3)私人赠予、资助及合同，来自校友或其他个人、慈善组织及私营企业等捐赠；(4)捐赠基金收入，指由过去积累的赠予和补助带来的收入，这些赠予和补助通过投资获得的增值部分被用于补充学校的经常性基金收入；(5)学校从事的经营和教育服务收入，与教学和研究有关的活动，如科研文献出版、测试服务、影片出租或农产品销售等带来的收入，以及来自土地出租、专利和盈利企业等收入。这些收入项目可以合并为四个主要渠道，即政府、学生及其家庭、社会力量以及学校自身。

(二)二元化高等教育成本分担模式(个人和政府共同分担)

二元化高等教育成本分担模式以澳大利亚为典型。澳大利亚在高等教育成本分担上所采取的策略与其他国家不同，它试图将政府分担的大部分教育成本转移到学生身上，形成以政府和学生为主的分担格局。1989 年，澳大利亚联邦政府宣布实行一种新的高等教育

收付费制度，以取代一度实行的高等教育免交学费政策，即高等教育成本贡献计划。核心内容是：凡属澳大利亚公民、永久居民及新西兰公民且利用计划内指标入学的学生都必须通过高等教育成本贡献计划向高等学校交费，且规定高等学校学生一律实行交费上学，一次交清四年学费者，可享受 15％～25％ 的优惠；若学生不愿交或没有能力交清，则先由政府向学生提供贴息贷款，等学生毕业后找到工作有收入时再偿还，学费的偿还率与学生就业薪金紧密相关。成本贡献计划的主要特征是根据个人的支付能力来选择支付方式，这也就意味着避免了学生因无法提前支付学费而不能进入大学。学生可以延缓付款，直到他们的可纳税收入超过最低还款门槛时才需要偿还欠款。高等教育成本贡献计划使澳大利亚高等教育在财政紧缺的情况下还能持续扩大规模。

（三）单主体的高等教育成本分担模式

单主体的高等教育成本分担模式根据分担主体的不同，分为两种，一种是以政府负担为主的欧洲模式，另一种是以学生（家庭）负担为主的日本模式。欧洲大多数国家的高等教育都是以公立高校为主的，其主流观点是高等教育成本费用应该由国家全部负担，而不应由学生或家长支付。因此，大学经费的主要来源是政府拨款，如德国政府拨款约占大学经费的 75％；法国中央政府的教育投入占 65％，地方政府占 22％，二者合计达到 87％。丹麦、芬兰、挪威、瑞典、葡萄牙和希腊等国家对全日制大学生基本实行不收费政策，高等教育成本由政府承担。日本是一个以私立高等教育为主的国家。第二次世界大战以后，日本的社会经济遭到重创，为了恢复和发展，日本实施了优先大力发展教育的战略，实现高等教育的大众化、普及化。日本政府在重点保证国立大学资金投入的基础上，鼓励私立大学的发展。这样既达到了发展高等教育的目的，又不至于过分加重财政负担。因此，日本私立大学的日常教育成本 80％ 来自学生的学费。2003 年日本国会通过了《国立学校特殊行政法》，实行国立大学法人化改革，要求国立大学通过各种渠道广开自主财源，引入市场调节机制，实施受益者负担的原则，不断强化学校自筹经费的能力。与日本类似的有亚洲的韩国、拉丁美洲部分国家。世界银行的一项研究表明，韩国的大学学费占总教育成本的比重达 46％。智利、哥伦比亚和哥斯达黎加等国公立大学和私立大学学杂费收入占全部收入的 2/3。

三、义务教育阶段财政性教育经费支出

改革开放 40 年以来，我国针对义务教育阶段在资源配置效率方面发布了很多政策和文件。一方面，这些政策和文件对调整义务教育资源配置结构和效率有重要意义；另一方面，很多实证研究也表明，在经济转型时期，我国的基础教育资源利用效率较低，存在资源浪费现象。

(一)农村义务教育学校布局调整

2001 年国务院颁布《关于基础教育改革与发展的决定》标志着学校布局调整政策的正式执行。政策实施的初衷是为了实现教育资源的合理配置与优化重组，提高教育资源的利用效率，实现规模效益，从而促进教育的均衡发展。10 多年来，农村学校布局调整工作陆续在全国范围大规模地展开，政策实施期间也产生了一些新的问题，2012 年国务院办公厅出台《关于规范农村义务教育学校布局调整的意见》，要求各地重新审视农村学校布局调整的过程，并叫停盲目撤并农村学校，严格规范撤并程序和行为。

学校布局调整从经济学角度可解释为与学校地理空间变动相关联的教育资源配置过程，其不仅涉及学校地理空间的变动，更影响教育设施设备、生源、师资、经费等要素流动和重新配置。学校布局调整是我国在义务教育阶段强调资源配置效率的一项重要政策。但对政策实施过程中的效果判断还需要参照一些实证研究，并不是

布局结构调整和学龄人口集中都会带来经费使用效率的提高。一些学者对某省布局结构调整效率的研究表明，某些年份的教育资源配置效率是 DEA 有效的，但 2008 年以后，这种效率出现了下降的趋势。普通初中也呈现同样的结果，2002—2008 年，撤并和调整了一些趋于萎缩的教学点和规模小、办学条件差的中小学校，集中力量改善了一批乡镇中心学校的办学条件，使义务教育资源的配置得到了优化，教育资源利用效率显著提高。但 2008 年后，学校布局动机逐渐复杂化，以集中办学带动人口向城镇集中、提升城镇化水平成为重要的动机。[①] 一些地方没有充分考虑当地人口特征、经济发展、地理环境和社会认同等多重因素，盲目追求规模效益，不切实际地撤并学校，产生了许多新的问题。基础教育资源配置过程中出现了资源管理决策的偏失，造成部分农村地区教育资源的浪费和闲置，降低了教育资源配置的总体效率，学校布局调整的实际政策效率未能随时间呈单调递增趋势。

（二）义务教育"两基达标"

长期以来，我国的公共教育资源在不同层次教育中的配置结构不合理，尤其在义务教育和基础教育阶段矛盾突出，影响我国整体教育资源配置效率的提高。因此，自 1998 年以来，政府不断加大公共教育资源投入总量，也调整了资源配置结构，并动用相当　部分财力用于解决基础教育发展中存在的紧迫问题。尤其是 2003 年颁布的《国务院关于进一步加强农村教育工作的决定》，提出基本实施九年义务教育和基本扫除青壮年文盲两项基本目标（简称"两基目标"）。全国县市"两基达标"，使基础教育中的突出矛盾得到初步缓解，公共教育资源配置效率有所提高。

---

① 马萍：《学校布局调整中基础教育资源配置效率评价——基于×省 2002—2003 年数据的 DEA 分析》，载《中国人口·资源与环境》，2017(S2)。

　　以上这些政策对调整义务教育资源配置结构和效率的意义不言而喻，但对现实中的义务教育资源效率是否如期实现了实际增长，我们还需要从一些实证研究中寻找答案。

　　贾婷月(2017)[①]利用 DEA-CCR 模型和 DEA-Malmquist 指数法对我国基础教育全要素生产率进行测算，结果显示我国基础教育全要素生产率(TFP)从 2004 年至 2012 年平均降低了 3.5%，且技术变化指数(TC)小于 1，表明存在"技术退步"。李刚等(2016)[②]利用 DEA-Tobit 模型计算表明，我国义务教育资源配置总体技术效率值从 2012 年的 0.893 增长到 2014 年的 0.901，增长率为 0.90%，平均纯技术效率从 2012 年的 0.946 下降到 2013 年的 0.939，再下降到 2014 年的 0.931，而总体规模效率则呈递增趋势，从 2012 年的 0.859 增加至 2014 年的 0.874，增长率为 1.74%。可见，我国义务教育教育资源配置效率从 2000 年年初至 2012 年呈下降趋势，2012 年之后有明显的增长势头，这可能是由于 2012 年 4% 教育经费达标为义务教育提供了较大财政支持。但在城乡与区域间，这种趋势的变化更为复杂。张亚丽等(2016)[③]通过研究表明，城乡学校的资源配置效率存在差异，城市学校义务教育资源配置效率普遍高于农村学校。此外，区域经济发展水平也并非教育资源配置效率的决定性要素。2005—2008 年，浙江省效率为全国最低，北京、天津、上海三市资源配置效率低于全国效率值。2006—2009 年，中等发达或者发达地区教育资源配置效率比较低。北京、天津和上海三市义务教育资源配置效率较低，黑龙江省效率低，而安徽、河南、湖北、广东和贵州五省义务教育资源配置效率则处于最佳状态。可见，地区

　　① 贾婷月：《公共基础教育配置效率：资源优化还是资源浪费》，载《上海财经大学学报》，2017(1)。
　　② 李刚、邓峰：《我国义务教育资源配置效率实证研究——基于 DEA-Tobit 模型》，载《现代教育管理》，2016(11)。
　　③ 张亚丽、徐辉：《我国义务教育资源配置效率初探》，载《教育评论》，2016(6)。

经济实力不能决定该地区义务教育资源配置效率的高低，提高教育经费投入没有带来教育资源配置效率的提高。

四、学前教育阶段财政性教育支出

目前学前教育阶段在资源配置方面存在一定的特殊性。一方面，学前教育在所有教育阶段中，民办学校所占比例最高，基本呈现公办与民办各占一半的局面；另一方面，随着城镇化脚步的加快，大量幼儿随父母到城镇接受学前教育服务，为城镇幼儿园与农村幼儿园的资源配置结构和效率带来了新的变化。

（一）学前教育资源配置应区分办学体制

政府对学前教育的资源投入未做到"保基本"，且未有效落实积极扶持民办幼儿园发展的政策，即存在"政府角色错配"。

考虑到学前教育阶段包含公办幼儿园与民办幼儿园两种办学体制，因此，研究学前教育资源配置效率要区分不同的办学体制的影响。我们可以将学前教育资源配置效率作为同样的教育资源投入公办与民办幼儿园时，能满足幼儿对学前教育需求的程度，直观地表现为幼儿园在园学生数。教育资源配置能够满足更多幼儿的需要，其配置效率就越高；反之，资源配置效率就越低。有研究表明，2010—2013 年，民办幼儿园教育经费投入占全部幼儿园教育经费比例逐年下降，由 2010 年的 44.29％下降到 38.98％，降幅达到 11.99％，但民办幼儿园接收的幼儿规模占比逐年上升，由 2010 年的 47.01％逐年上升到 2013 年的 51.10％，增幅达到 8.7％；相反，公办幼儿园教育经费投入逐年上升，但其服务的幼儿规模却逐年下降。这表明，与公办幼儿园相比，民办幼儿园每一单位的经费投入可以满足更多的幼儿接受学前教育，其发挥的价值与效率也更高。[1]

---

[1]　冯婉桢、吴建涛：《政府和市场在学前教育资源配置中的角色错配与调整研究——基于教育资源配置效率的分析》，载《教育科学》，2016(4)。

（二）学前教育资源配置应兼顾城镇化

由于城镇化导致大量农村劳动力流入县镇和城市，使大量幼儿也随父母迁移到城镇接受学前教育服务。因此，如果以增加一单位教育资源投入满足更多单位幼儿接受学前教育服务这一标准来衡量教育资源配置效率的话，那么城镇化对城市、县镇和农村的学前教育资源配置效率必会产生重要影响。冯婉桢和吴建涛（2014）[1]利用2004—2010 年《中国教育统计年鉴》数据分析发现，与农村相比，县镇和城市地区每投入一单位的教育资源，可供入园的幼儿数量增加的更多，反映了城镇化导致的人口城乡流动对幼儿数量分布以及城乡居民对幼儿教育资源需求变化的影响。同时，与城市相比，县镇每增加一单位的教育资源可满足的在园幼儿数量增加更为突出。因此，将更多的新增学前教育资源投入县镇地区，是提高我国学前教育资源宏观配置效率更为有效的途径。

本章从教育资源配置的制度演进，到国家财政性教育经费在省（区、市）的配置，以及在学前教育、中小学教育和高等教育阶段的配置几个方面，大体上勾勒出我国教育经费配置的基本格局，即我国正处于从运动式筹集教育经费，依靠社会动员和政府动员保障教育经费支出的阶段，到规范化、法治化教育经费预算和支出的阶段。这个过程注定与国家公共服务供给体制，特别是事业单位改革密切相关，还与政府间事权划分、支出责任划分相关联。这个过程是国家教育支持体系的建设过程，注定需要很长一段时间才能完成。

---

[1]　冯婉桢、吴建涛：《我国学前教育资源宏观配置效率：内涵、指标与经验研究》，载《教育科学》，2014(4)。

第五章
教育投资水平指标

在教育经济学的概念里，教育投资是指一个国家或地区根据教育事业发展的需要，投入教育领域中的人力、物力和财力的总和。一般认为，教育投资集中反映了一国在教育上的所有投入，是衡量整个国家为教育发展做出努力程度的重要指标。

在衡量一国教育投资水平的具体操作中，为了让不同的指标具有可比性，一般采用货币的形式予以表征，即一国用于教育发展的人力、物力和财力的货币表现。OECD 每年会发布一次 OECD 国家《教育概览》，其中衡量教育投资的时候，也仅针对教育的资金投入情况进行了分析。因此，本部分对教育投资水平的衡量，也仅限于教育的资金投入水平。

第一节　教育投资的分类

对教育投资水平进行研究，首先要对教育投资的类别进行划分。目前，国内外对教育投资的分类有所不同，在本节中，我们先对 OECD 国家和我国的教育投资分类情况进行一个整体概述。

一、OECD 对教育投资的分类

在 OECD《教育概览》中，教育投资的分类被划分为三个维度：

投在哪里、谁来投、投向什么内容。这种分类方式集中反映了政策的逻辑，便于厘清教育投资的去向、责任主体及支出的结构等情况，具体如表 5-1 所示。

表 5-1　OECD《教育概览》中公共支出的分类和支出内容

□公共支出　▓私人支出　■私人支出公共补助

	对教育机构的支出（如中小学、大学、教育行政和学生福利服务）	花费在教育机构之外的支出（如私人购买的教育产品和服务，包括家教）
教育核心服务的花费	如对教育机构教学服务的公共支出	如辅助性的个人的书本支出
	如对教育机构教学服务的辅助性的私人支出	如在课本、教学材料以及家教方面的私人支出
	私人支出的学费	
研究与发展活动费用	如用于大学研究的公共支出	
	私人企业用于资助教育机构的研究和发展的资金	
教学之外的教育服务支出	辅助性服务的公共支出，包括膳食、交通或者校园住宿	学生生活成本和交通折扣方面的辅助性的私人支出
	如私人用于辅助性服务的支出	用于学生生活和交通的私人支出

其中，投向哪里是指教育投资的支出发生的地点。这被分为两种类型，一类费用发生在各类学校（幼儿园、中小学、大学）、教育部门和其他一些直接提供教育服务的机构；发生在这些教育机构之外的教育费用是另一类。

谁来投是指教育投资的主体是谁，包含三类：公共支出、私人支出，以及私人支出公共补助的部分。

投在什么内容上是指按照购买的物品和服务分类。对个人而言，除了学费外，还包括午餐、交通、住宿、书本、家教服务等；对机构而言，还包括水电等必要的固定开支、人员开支，以及第三级教育机构的大学研究支出等。

二、我国的教育投资分类

截至目前，我国对教育投资的分类并没有进行过清晰的界定。但在历年的《中国教育经费统计年鉴》中，是按照教育投资的来源、支出功能进行分类的。

表 5-2 是从收入角度衡量的教育投资分类，主要是按照教育经费的来源进行分类的。值得注意的是，我国在教育经费收入来源的划分上，并没有一个非常稳定的框架结构，这导致这样的统计分类只能给我们提供年度截面数据，而基于长期的面板数据分析则因框架结构的变动而变得不太可能。

表 5-2　我国教育经费收入结构

2006 年	2008 年	2014 年	2015 年
一、国家财政性教育经费	一、国家财政性教育经费	一、国家财政性教育经费	一、国家财政性教育经费
1. 预算内教育经费	1. 预算内教育经费	1. 公共财政预算教育经费	1. 公共财政预算安排的教育经费
（1）教育事业费拨款	（1）教育事业费拨款	（1）教育事业费拨款	（1）公共财政教育经费
（2）基建拨款	（2）基建拨款	（2）基本建设拨款	①教育事业费
（3）科研经费拨款	（3）科研经费拨款	（3）科研拨款	②基本建设经费
（4）其他经费拨款	（4）其他经费拨款	（4）其他拨款	③教育费附加
2. 各级政府征收用于教育的税费	2. 各级政府征收用于教育的税费	2. 各级政府征收用于教育的税费	（2）其他公共财政预算安排的教育经费
（1）城市教育费附加	（1）城市教育费附加	（1）教育费附加	①科研经费
（2）农村教育事业费附加	（2）农村教育事业费附加	（2）地方教育附加	②其他

续表

2006 年	2008 年	2014 年	2015 年
（3）地方教育费附加	（3）地方教育费附加	（3）地方基金	2. 政府性基金预算安排的教育经费
3. 企业办学校教育经费	3. 企业办学校经费拨款	3. 企业办学中的企业拨款	（1）地方教育附加
4. 校办产业、勤工俭学和社会服务收入用于教育的经费	4. 校办产业、勤工俭学和社会服务收入用于教育的经费	4. 校办产业和社会服务收入用于教育的经费	（2）其他政府性基金预算安排的教育经费
			3. 企业办学中的企业拨款
		5. 其他属于国家财政性教育经费的费用	4. 校办产业和社会服务收入用于教育的经费
			5. 其他属于国家财政性教育经费的费用
二、社会团体和公民个人办学经费	二、社会团体和公民个人办学经费	二、民办学校中举办者投入	二、民办学校中举办者投入
三、社会捐集资办学经费	三、社会捐资经费	三、社会捐赠经费	三、捐赠收入
四、事业收入	四、事业收入	四、事业收入	四、事业收入
五、其他收入	五、其他收入	五、其他收入	五、其他教育经费

需要特别注明的是，我国从 2007 年开始实施《政府收支分类科目》改革，因此表 5-2 中许多教育经费的来源名称看似相同，但其统计口径已经发生了较大变化。

在支出部分，《中国教育经费统计年鉴》主要是按照支出费用的功能来进行分类的。与收入分类类似，在《政府收支分类科目》改革后，支出的分类也发生了较大的变化。

表 5-3　2005 年我国教育经费支出分类

		基本工资
教育事业经费支出	个人部分	补助工资
		其他工资
		职工福利费
		社会保障费
		奖贷助学金
	公用部分	公务费
		业务费
		设备购置费
		修缮费
		其他费用
基建支出	包括基建拨款和自筹基建支出	

表 5-4　2008 年我国教育经费支出分类

		工资福利支出
事业性经费支出	个人部分支出	对个人和家庭的补助支出
	公用部分支出	商品和服务支出
		其他资本性支出
基本建设支出	购置固定资产、土地、无形资产和大型修缮支出	

表 5-5　2015 年我国教育经费支出分类

个人部分支出	工资福利支出	
	对个人和家庭的补助支出	
公用部分支出	商品和服务支出	
	其他资本性支出	专项公用支出
		专项项目支出
基本建设支出	购置固定资产、土地、无形资产和大型修缮支出	

　　表 5-3、表 5-4、表 5-5 分别是 2005 年、2008 年与 2015 年《中国教育经费统计年鉴》中对教育经费支出的分类方式，从中能够看出我国教育支出的分类方式也在不断发生变化，这意味着从支出的角度对教育投资进行面板数据分析也成为不可能。

　　同时，从教育投资的定义可以得知，教育投资实际上是一个国家用于教育事业发展的全部投入的货币化表现。而在我国的教育经费统计中，无论是收入统计还是支出统计都没有将发生在教育机构外的费用，即私人用于教育的支出（除学费外）统计进来，这使得我国在统计教育投资时存在巨大的缺失，并且无法计算私人在教育上的投资水平。

第二节　生均教育支出

　　生均教育支出是衡量教育投资水平的一个非常重要的指标，集中反映了一个国家或地区为了培养各级各类教育的学生，平均花在每个学生身上的公共支出水平。一般认为，生均教育支出能通过影响学生学习的环境，从而对教育质量产生影响。因此，对生均教育支出水平及其变动的分析，能够了解学生学习环境及教育质量的改善情况。

　　此外，对生均教育支出的分析还具有丰富的政策意义：对生均教育支出在地区间的差异分析，能够揭示我国地区间教育发展水平和教育质量的差异；对生均教育支出中不同级别教育间的分配结构，能够揭示我国在教育经费分配上的政策优先顺序考量；对生均教育支出的变动分析，对揭示最优学校规模也有着非常重要的意义。

　　在我国的统计中，对生均教育支出的统计一般采用生均预算内教育事业经费支出，即考察公共财政渠道内为每一个学生所列支的平均教育支出水平。这样虽然抹去了私人为教育投入的支出与基建部分的教育支出，但考虑到我国统计年鉴中本来就没有将全部私人教育投资纳入统计范围，而基建支出的成本分担并不适合计算人均值，因此，本部分仅考察生均预算内教育事业费支出。

生均预算内教育事业费支出的计算公式为：生均预算内教育事业费支出＝预算内各级教育事业费支出/各级教育受教育人数。

考虑到《中国教育经费统计年鉴》中的经费数据都是以当年价格计算的，并没有纳入价格的变动，因此，引入经济学中考虑物价水平变动的不变价格计算方式。表 5-6 是 1978—2016 年我国消费者物价指数（CPI）的变动情况。

表 5-6　1978—2016 年我国消费者物价指数

年份	CPI	年份	CPI	年份	CPI
1978	100.7	1991	103.4	2004	103.9
1979	102.0	1992	106.4	2005	101.8
1980	107.5	1993	114.7	2006	101.5
1981	102.4	1994	124.1	2007	104.8
1982	101.9	1995	117.1	2008	105.9
1983	101.5	1996	108.3	2009	99.3
1984	102.8	1997	102.8	2010	103.3
1985	109.3	1998	99.2	2011	105.4
1986	106.5	1999	98.6	2012	102.6
1987	107.3	2000	100.4	2013	102.6
1988	118.8	2001	100.7	2014	102.0
1989	118.0	2002	99.2	2015	101.4
1990	103.1	2003	101.2	2016	102.0

注：1979 年、1981 年、1982 年、1983 年、1984 年 CPI 未公布，使用了商品零售价格指数替代。

资料来源：1999 年、2017 年《中国统计年鉴》。

此外，由于我国的 CPI 数据是以上一年为基期的，不利于以某一年为基期计算不变价格，因此，对 CPI 数据以 2010 年为基期进行重新计算，得到的结果如表 5-7 所示。

表 5-7　以 2010 年为基期计算的 1978—2016 年我国消费者物价指数

年份	CPI	年份	CPI	年份	CPI
1978	19.2	1991	41.7	2004	84.5
1979	19.3	1992	43.1	2005	87.8
1980	19.7	1993	45.9	2006	89.4
1981	21.2	1994	52.6	2007	90.7
1982	21.7	1995	65.3	2008	95.1
1983	22.1	1996	76.5	2009	100.7
1984	22.5	1997	82.8	2010	100.0
1985	23.1	1998	85.1	2011	105.4
1986	25.2	1999	84.5	2012	108.1
1987	26.9	2000	83.3	2013	111.0
1988	28.9	2001	83.6	2014	113.2
1989	34.3	2002	84.2	2015	114.8
1990	40.4	2003	83.5	2016	117.1

在对生均教育支出进行分析后我们发现，在控制物价水平的因素后，过去 40 年间，我国各个教育阶段的生均预算内教育事业费的支出仍然经历了迅猛的上涨，这主要是由以下几种因素交织影响造成的。

一是我国教育的基础比较薄弱，所以在基础建设投资和教育环境改善上有非常大的改进空间。

二是各类技术层出不穷，许多新的技术都被应用到了教育领域，最早是各类台式电脑、监控设备。其后有电子白板、平板电脑、人工智能设备等。这些新技术产品的投入也造成了生均教育支出的居高不下。

三是我国教育系统的生师比不断下降，教师的工资水平也不断通过各类政策得到提升，而教师的人力成本一直是生均教育支出中最为重要的组成部分。

四是学校作为公共财政投入的部门，具有不断扩张、扩大成本的冲动，并不具有和企业类似的节约成本的激励。这也造成了经费在使用过程中实际上会存在效率损失。

一、小学生均预算内教育事业费支出

图 5-1 展示了 1978—2016 年以来我国普通小学生均预算内教育事业费支出水平及其变动。可以看出，排除了物价变动的因素后，以不变价格计算的普通小学生均预算内教育事业费支出的水平仍然是稳步上升的。以 2010 年为基期，1978 年普通小学生均预算内教育事业费支出为 65.57 元，到了 2016 年这一数据变化为 8 165.65 元，上涨了 123.53 倍。

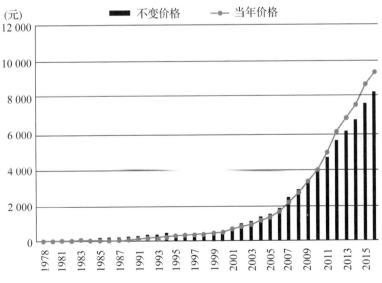

图 5-1　1978—2016 年普通小学生均预算内教育事业费支出

注：由于我国教育经费统计口径不断调整，有些年份的数据缺失，下同。

对普通小学生均预算内教育事业费支出水平变动的速度进行考察，图 5-2 展示了 1981—2016 年普通小学生均预算内教育事业费支出变动速度。可以看出，整体来看这 40 年间普通小学生均预算内教育事业费支出是持续波动的。1999—2012 年，普通小学生均预算内教育事业费支出的增长幅度都在 10％以上，其中一半左右的年份的增速甚至达到了 20％～30％，可以看作是教育经费迅猛增长的时期。有学者指出，这种迅猛增长可能与我国中央财政在 2000 年之后对农村义务教育转移支付力度加大、20 世纪 90 年代后期开始的小学学龄儿童数大幅减少有关。[①]

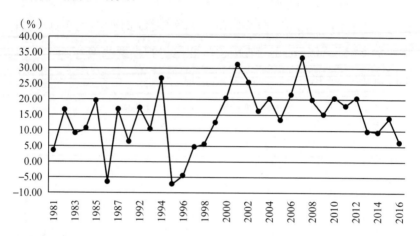

图 5-2　1981—2016 年普通小学生均预算内教育事业费支出变动速度

二、普通中学生均预算内教育事业费支出

图 5-3 是 1978—2015 年我国普通中学生均预算内教育事业费支出水平及其变动。以 2010 年为基期的不变价格计算，1978 年我国普通中学生均预算内教育事业费支出为 185.27 元，到了 2015 年上涨到 10 144.69 元，上涨了 53.76 倍。与普通小学相比，上涨幅度相对缓和。

---

① 靳希斌：《教育经济学》，224 页，北京，人民教育出版社，2009。

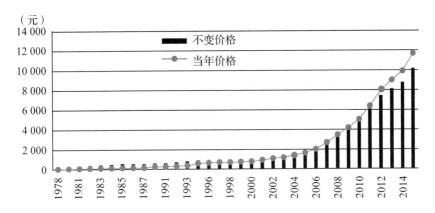

图 5-3　1978—2015 年普通中学生均预算内教育事业费支出

从生均经费变动的速度来看，普通中学与小学阶段一样，大致在 1999—2012 年间呈现出非常迅猛的增长态势（见图 5-4）。

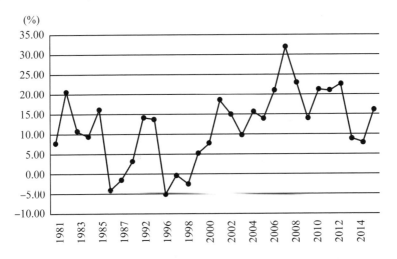

图 5-4　1981—2015 年普通中学生均预算内教育事业费支出变动速度

三、高校生均预算内教育事业费支出

图 5-5 展示了 1978—2016 年我国高校生均预算内教育事业费支出情况。与普通小学、中学阶段不同的是，高校的生均预算内教育事业费支出并不是一路上涨的，而是经历了几次下跌的过程。这可

能与我国教育发展优先顺序的结构调整有关。

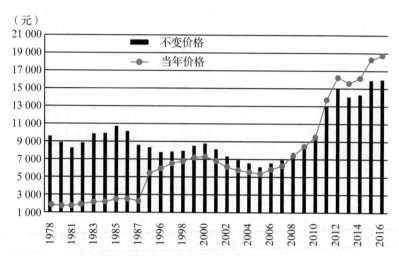

图 5-5　1978—2016 年高校生均预算内教育事业费支出

对高校生均预算内教育事业费支出的变动速度进行考察，发现在 2001—2005 年，我国高校生均预算内教育事业费的变动经历了一个非常明显的下跌阶段。而这并非高校生均预算内教育事业费支出第一次发生下跌，数据显示，大约在 1978—1981 年、1985—1996 年，高校的生均教育事业费也经历过两次下跌。而明显的上升阶段则出现在 2006—2012 年，在这期间，高校的生均预算内教育事业经费支出上升得非常迅速，2006 年生均为 6 564.74 元，到了 2012 年已经上涨为 15 019.48 元，涨幅为 128.78％。1981—2016 年高校生均预算内教育事业费支出变动速度如图 5-6 所示。

四、生均教育支出与 OECD 的比较

生均教育支出在 OECD 历年对教育经费的分析中都是一个非常重要的指标。按照 OECD 的指标框架结构，对生均教育支出的分析不仅仅限于各学段分别的支出，还包括对支出结构的分析，即分别用于教育核心服务的支出、用于辅助性服务的经费以及研发经费。而在我国对生均教育经费的支出结构中，划分方式则一般采用生均

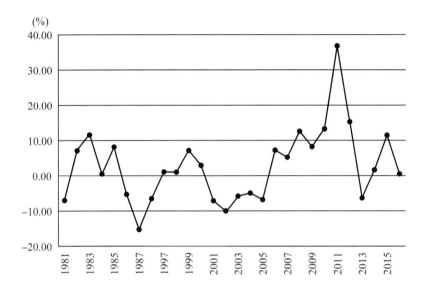

图 5-6　1981—2016 年高校生均预算内教育事业费支出变动速度

教育事业经费支出、生均基建经费支出两项，与 OECD 国家使用的
经费口径并不一致，无法进行比较。

　　为了与 OECD 国家生均教育支出的相关情况进行比较，转而选
择生均教育支出在三级教育中的比例分配作为参照指标。教育经费
投入的分配结构是教育经济学的一个重要话题，一般认为在公共财
政的制度框架下，教育经费的投入分配是偏向于基础教育阶段的，
而在生产投资型的财政影响下，教育经费的投入分配则是偏向于高
等教育的。[①] 而长期以来，我国教育经费在三级教育中的分配一直
不尽合理，其具体表现就是教育经费的投入偏向于高等教育阶段。

　　在改革初始的 1978 年，普通小学、中学与大学生均预算内教育
事业费支出的比例为 1∶2.83∶146.34，这意味着高等教育阶段的生
均投入水平与小学、中学相比，有着绝对的质的差别。而在此后的

----

① 靳希斌：《教育经济学》，230 页，北京，人民教育出版社，2009。

数年间，这一状况都没有发生根本性的转变。一直到大学开始扩招的 1999 年，这一比例都还维持在 1∶1.77∶17.36。此后，伴随着大学生数量的激增，以及我国开始实施高等教育全面收费的学费政策，大学的生均预算内教育事业费支出开始下降，其在三级教育分配中的比重也开始下滑。2013 年，我国生均教育支出在三级教育间的比重变为 1∶1.10∶2.26，由于基础教育人数众多，在教育经费总量上首次超越了大学。2015 年，支出比例进一步下降为 1∶1.32∶2.07。

在 OECD 国家，过去这些年间生均教育经费在三级教育中的比例相较我国要合理得多。1990 年，这一比例大概为 1∶1.55∶2.72。此后从 OECD 国家整体来看，生均教育支出开始向基础教育阶段倾斜，2002 年 OECD 国家生均教育支出在三级教育中的比例为 1∶1.33∶2.53，2008 年为 1∶1.25∶1.84，2015 年进一步变为 1∶1.16∶1.85。

生均教育支出在三级教育之间的比例，集中反映了一国对不同级别教育的发展策略。1978 年，我国刚刚恢复高考，高等教育百废待兴，学生在校人数也较少，因此大学在这一时期生均教育支出非常高是可以理解的。但从长远来看，接受高等教育的人数是远远低于接受基础教育的人数的，并且从不同级别教育的产品属性来看，基础教育无疑具有更多的公共产品属性，对基础教育进行财政投入所获得的教育收益率也更高。因此，从这一角度来说，生均教育支出在三级教育中的分配应该更为注重基础教育才能够体现公平与合理。而我国从不合理走向当前的相对合理，花费了 30 余年，这也造成了我国基础教育尤其是西部地区的基础教育发展水平还比较落后的现实。

第三节　公共教育支出水平的衡量

如何衡量一个国家或地区公共教育支出的水平？通常而言，对公共教育支出水平的考察很少采用绝对值。这是因为支出水平是一个相对概念，采用绝对值来评判多或少并不具备比较的意义，同时对这一指标的考察还需要考虑纵向的年度对比，以及横向的地区或国家对比，以消除物价、货币等因素的干扰。因此，对公共教育支出水平的考察，通常会使用比例这种相对的概念进行。

具体来说，一般学界会采用财政性教育经费占国民生产总值的比例，以及预算内教育经费支出占财政支出的比例这两个指标来考察公共教育支出水平。

公共教育支出占国民生产总值的比例是国际上通行的用于衡量公共财政投入教育领域的资金总量指标。一般认为，国民生产总值是反映国民经济发展状况的综合性指标，用公共教育支出占国民生产总值的比例来探讨教育投入水平可以进行横向与纵向的比较，如年度间的比较、国际比较等。因此，在讨论教育投资问题时，公共教育支出占国民生产总值的比例是一个非常重要的指标。[①]

在我国的教育经费统计中，财政性教育经费是反映公共教育支出的主要指标，因此，考察公共教育支出占国民生产总值的比例，国内一般采用财政性教育经费占国民生产总值的比重作为指标。

衡量公共教育支出水平的另外一个指标是预算内教育经费占财政支出的比例，这集中反映了一国或一个地区对教育的重视程度。

一、改革开放以来财政性教育经费占国民生产总值的变化

早在 1993 年，为了保障公共财政对教育的投入，《中国教育改革和发展纲要》就已经将逐步提高公共支出占国民生产总值的比重作为国家教育经费投入努力的衡量指标，并提出要在 20 世纪末达到财政性教育经费支出占国民生产总值 4% 的目标。然而，这一目标却花了近 20 年，一直到 2012 年才实现。图 5-7 是我国 1992—2016 年财

---

① 靳希斌：《教育经济学》，220 页，北京，人民教育出版社，2009。

政性教育经费占国民生产总值的比重。

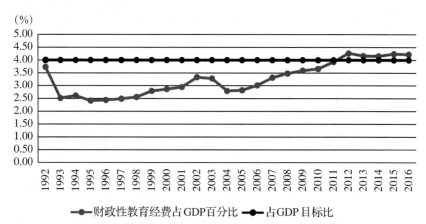

图 5-7　1992—2016 年财政性教育经费支出占国民生产总值的比重

从图 5-7 来看，1992 年我国财政性教育经费占国民生产总值的比重仅为 3.73％，10 年后的 2002 年这一比重为 3.33％。仍然处于一个非常低的水平，一直到 2012 年首次突破 4％的时候，这一比重也仅为 4.28％，而到了 2016 年这一比重变化为 4.22％。在这一过程中，中央政府三令五申要求财政性教育经费支出占国民生产总值的比例要达到 4％，地方政府为了完成这一硬性要求，通过各种途径增加对教育的投资，的确为许多地区的教育水平改善提供了良好的资金支持。但是，在达到 4％的目标之后，教育投资水平应该以什么样的指标作为参照系，则没有了明确的目标。这导致许多地方政府在实现 4％的目标后，对财政性教育经费的支出仅仅是为了维持教育经费投入不降低的目标，却对合理规划教育经费支出水平缺乏动力。

二、改革开放以来预算内教育经费占财政支出的比例

在我国，教育经费的投入来源主要是财政支出。因此，预算内教育经费占财政支出的比例也就成了考察政府对教育重视程度、教育投资水平的一个重要指标。1993 年《中国教育改革和发展纲要》也对此做了规划："要提高各级财政支出中教育经费所占的比例，'八五’期间逐步提高到全国平均不低于百分之十五。"

那么，改革开放以来，预算内教育经费占财政支出的比例如何呢？通过历年的《全国教育经费执行情况统计公告》，得到图 5-8 的对 1992—2016 年预算内教育经费占财政支出的比例变动描述。

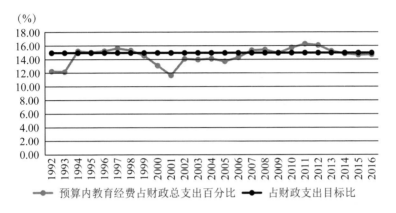

图5-8 1992—2016 年预算内教育经费占财政支出的比例

1992 年，我国预算内教育经费占财政支出比例为 12.27%，1994 年就上升到了 15.26%，此后一直到 1998 年都保持在 15%以上，实现了《中国教育改革和发展纲要》提出的 15%的目标。但伴随着我国经济发展水平的不断提升与公共财政覆盖范围的扩大，保持 15%的目标是比较困难的。从数据上也可以看出，1999 年至今(除 2001 年)，预算内教育经费占财政支出的比例一直徘徊在 13.50%~16.50%。

三、改革开放以来预算内教育经费拨款的增长速度

1985 年《中共中央关于教育体制改革的决定》提出了"中央和地方政府教育拨款的增长要高于财政经常性收入的增长"的原则，这一原则在 1993 年的《中国教育改革和发展纲要》中得到进一步强化。因此，将预算内教育经费拨款的增长速度与财政收入增长的速度进行对比，可以反映教育经费的投资水平。

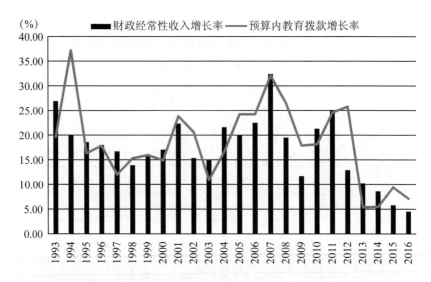

图 5-9　1993—2016 年财政经常性收入与预算内教育拨款的增长率

从图 5-9 的数据来看，1993—2016 年这 24 年中，仅有一半的年份实现了这个目标，并且并不具备明显的发展阶段特征，而是一直处于此消彼长的波动中。

四、公共教育支出水平的国际比较

在国际上对公共教育支出的水平进行比较时，公共教育支出占国民生产总值的比例、公共教育支出占公共财政支出的比例是通行的指标。而对公共教育支出的具体水平衡量，则因各国物价水平与人力资本价格的不同而无法进行。

需要注意的一点是，OECD 各国的公共教育支出的范围与我国有所不同。在 OECD 的指标体系中，公共教育支出的范围包括对私人教育实体的补贴，在我国则还没有被纳入统计范畴。[①]

首先对 OECD 各国公共教育支出占国民生产总值的比例进行考

---

① 曾晓东、曾娅琴：《中国教育改革 30 年：关键数据及国际比较卷》，101 页，北京，北京师范大学出版社，2009。

察。表 5-8 展示了 1995—2014 年部分 OECD 国家该指标的情况。可以看出，除意大利外的大部分国家，2005 年开始公共教育支出占 GDP 的比例都超过了 4％，并且在过去这些年间保持了相对稳定的比例。而 OECD 国家的平均水准在 1995 年是 5.4％，2005 年是 5.0％，到了 2014 年这一数据变化为 5.2％。

表 5-8　1995—2014 年部分 OECD 国家公共教育支出占国民生产总值的比例(％)

国家	1995	1999	2005	2010	2011	2012	2013	2014
澳大利亚	5.0	5.0	5.2	5.9	5.7	5.6	5.6	5.8
加拿大	6.5	5.7	5.9	6.7	6.3	6.2	6.2	6.2
芬兰	7.0	6.2	5.4	5.8	5.8	5.8	5.7	5.7
法国	6.0	6.1	5.2	5.4	5.3	5.2	5.3	5.3
德国	4.7	4.7	4.3	4.5	4.4	4.3	4.3	4.3
意大利	4.6	4.5	3.9	3.9	3.8	3.9	4.0	4.0
日本	3.6	3.5	4.3	4.5	4.5	4.5	4.4	4.4
韩国	m	4.1	6.0	6.8	6.8	6.7	6.5	6.3
美国	m	5.2	6.3	6.7	6.6	6.5	6.2	6.2
OECD 平均	5.4	5.2	5.0	5.3	5.2	5.2	5.2	5.2

注：m 表示数据缺失。

资料来源：OECD 历年《教育概览》。

公共教育支出占公共财政支出的比例同样是 OECD 各国衡量公共教育投资水平的重要指标。表 5-9 展示了 1990—2014 年部分 OECD 国家公共教育支出占公共财政支出的比例。

可以看出，除了澳大利亚和加拿大之外，公共教育支出占公共财政支出的比例在其他 OCED 国家都出现了下降，这可能与公共财政支出的范围扩张有密切的关系。从 OECD 国家的平均值来看，1990 年公共教育支出占公共财政支出的比例为 12.60％，2014 年下降为 11.30％。

表 5-9　1990—2014 年部分 OECD 国家公共教育支出占公共财政支出的比例（%）

国家	1990	1995	1998	1999	2002	2006	2010	2012	2014
澳大利亚	12.90	13.10	13.9	14.60	14.30	13.90	15.20	13.50	13.40
加拿大	12.30	13.60	12.60	m	m	11.80	13.20	12.00	13.40
芬兰	14.20	12.20	12.40	12.50	12.70	12.60	12.30	11.20	10.40
法国	10.60	11.10	11.30	9.70	11.00	10.60	10.40	8.80	8.40
德国	m	9.50	9.80	9.70	9.80	9.70	m	9.80	9.40
意大利	m	9.00	10	9.40	9.90	9.50	8.90	7.40	7.10
日本	m	9.80	m	9.30	10.60	9.50	9.30	8.80	8.20
韩国	m	17.50	16.50	17.40	17.00	15.00	16.20	14.50	14.50
美国	m	14.40	m	m	15.20	14.80	12.70	11.60	11.80
OECD 平均	12.60	12.60	12.90	12.70	12.90	13.30	13.00	11.60	11.30

注：m 表示数据缺失；加拿大 2006 年、2010 年、2012 年的数据分别为 2005 年、2009 年、2011 年的数据。

资料来源：OECD 历年《教育概览》。

从国际比较中可以看出，我国公共教育支出占公共财政的比例实际上与 OECD 国家是比较接近的，甚至还高于 OECD 国家的平均水平。但我国公共教育支出占国民生产总值的比例较 OECD 国家低，这实际上也反映了我国公共财政投入的水平与 OECD 国家的差异。

第四节　公共和私人对教育投资的相对比例

教育机构投资的成本分担是教育经济学的重要研究议题。一般认为，基础教育阶段的社会收益较高，具有非常高的正外部性，公共投资应该占据主导地位。而在高等教育阶段，个人获得的收益更为明显，因此，家庭也应当承担一定比例的成本。

然而，在我国的教育经费来源中，并未对私人支付的学费之外的成本进行统计，因此，无法计量出精确的公共财政与家庭各自对教育经费投入的比重。

在我国的统计年鉴中,教育经费的来源目前包括国家财政性教育经费、民办学校举办者投入、捐赠收入、事业收入与其他事业经费等几个大的类别。因此,在这个部分,主要考察三个指标:一是我国财政性教育经费占全国教育经费总投入的比例,体现在我国整个教育体系的投入中,公共财政所占据的地位及其变动。二是不同学段财政性教育经费占该学段教育经费投入的比重,这主要是体现我国不同层次的教育中,是否根据"谁受益谁分担"的原则进行了成本分担。三是民办教育投入、社会捐集资办学经费与学费、杂费占全国教育经费的比例,主要考察我国私人投向教育系统的经费情况。

一、改革开放以来我国财政性教育经费占教育经费总投入的比重

图 5-10 展示了 1991—2014 年,我国财政性教育经费占教育经费总投入的比重。可以发现,整体来看我国财政性教育经费占教育经费总投入的比重呈现一个 U 形曲线。1991—2005 年,国家财政性教育经费占教育经费总投入的比重持续下滑,这一趋势自 2006 年开始逆转,但直到 2014 年,国家财政性教育经费占教育经费总投入的比重还是 80.50%,仍然低于 1991 年的 84.43%。

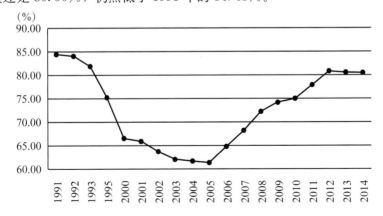

图 5-10　1991—2014 年财政性教育经费占教育经费总投入的比重

注:由于数据可得性,图中只包含变化起点和近年来的情况。

　　图 5-10 的这种趋势，实际上展现了在教育系统的投入上，来自其他来源的教育经费逐渐增多的现实。那么，具体来看，是哪个学段发生了教育经费来源结构的较大变化引发了整体数据的变动呢？下面就不同学段国家财政性教育经费占教育经费总投入的比重进行分析。

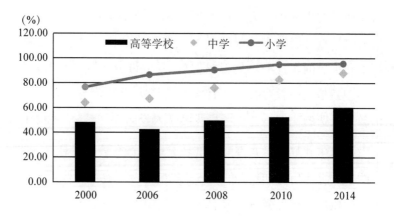

图 5-11　2000—2014 年中小学、高校财政性
教育经费占教育经费总投入的比重

　　图 5-11 展示了 2000—2014 年，我国小学、中学、高等教育三级教育体系中，财政性教育经费占教育经费总投入的比重。整体来看，从小学、中学到大学，财政性教育经费占教育经费投入的比重逐级降低，这是符合成本分担原则的。而从纵向的年度变化来看，伴随着时间的推移，我国财政性教育经费占教育经费投入的比重在三级教育体系中均出现了提升的现象。这说明我国公共财政在教育体系的投入中占据了越来越重要的位置。

　　那么，三级教育体系中，财政性教育经费占教育经费投入的比重并没有被削弱，是哪一级的教育中公共财政的角色被削弱了呢？下面进一步考察中等职业学校、幼儿教育以及特殊教育的情况。

　　从图 5-12 中可以看出，学前教育阶段是公共财政角色被严重削弱的学段。2000 年，学前教育阶段 58.90％的经费来源于财政性教育经费，而 2010 年这一比重下滑到了 33.60％，尽管后来在三年行动计划的政策影响下，公共财政在学前教育领域的重要性有所提升，但到 2014 年仍然没有恢复到 2000 年的水平。这也和我国在学前教育领域的实践有着莫大的关系：过去学前教育领域以集体办园为主，政府办园的数量并不能满足社会的学前教育需求。伴随着单位办园退出历史舞台，以市场力量为主体的资金来源开始进入学前教育领域，造就了学前教育领域私人投资更为发达的现象。但伴随着人口老龄化的到来与"二孩"政策的实施，学前教育越来越具备公共属性，其对女性就业的提升作用也愈加显著。未来，学前教育领域中，公共财政的角色应当被进一步强调，以凸显学前教育对整体社会经济发展的重要作用。但这并不意味着政府要大量办园，而是以实践中大量存在的政府补贴学位、普惠幼儿园等形式存在。

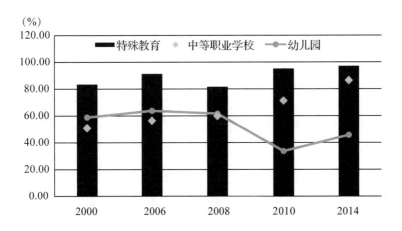

**图 5-12　2000—2014 年中职、特教、学前财政性
教育经费占教育经费总投入的比重**

二、我国私人渠道教育经费占教育经费总投入的比例

图 5-13 展示了 1995 年以来，我国通过民办教育投入、社会捐集资办学与学费收入等私人渠道获得的教育经费占教育经费总投入的

比重情况。可以看出，我国私人渠道教育经费的比重经历了一个先扬后抑的过程。1995 年，我国私人渠道教育经费投入占教育经费总投入的比重为 11.61%，此后在经历短暂的下降后，在 1998—2005 年持续攀升，最高点是 2003 年，私人渠道教育经费投入的比重达到了 22.04%，在 2006 年之后，这种趋势才开始慢慢改变，并一路下滑到 2015 年的 12.71%。

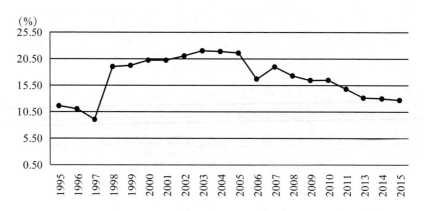

图 5-13　1995—2015 年私人渠道教育经费占教育经费总投入的比重

那么，我国教育经费投入来源中，造成私人教育经费投入比重变动的因素是什么呢？为了考察这一问题，须分析不同学段的教育经费投入中私人教育经费比重情况。

从图 5-14 可以看出，高校与幼儿园两个学段的私人教育经费占教育经费总投入的比重经历了比较大的变化，其他学段的变化相对较小。1995 年，高校 6.74% 的教育经费来自私人渠道，中学为 14.20%，小学为 13.28%，幼儿园为 5.12%，特殊教育则为 4.38%。

1998 年开始，各个学段私人教育经费的投入都开始增加。其中，高校在 1998 年增加到了 17.25%，2005 年达到了 36.01%，此后进入波动中的下降期，截至 2015 年，高校经费投入中私人渠道比重为 22.43%，比 1995 年高了 15.69 个百分点。

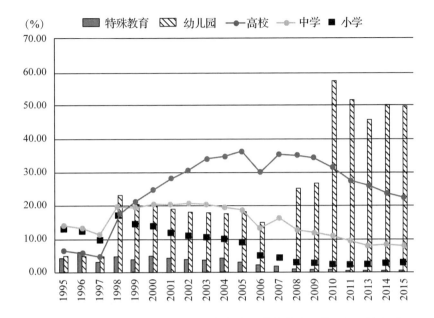

图 5-14　1995—2015 年不同学段私人教育经费占教育经费总投入的比重

　　幼儿园的变动趋势则展示了私人渠道经费一路高歌猛进的特点。2015 年幼儿教育阶段私人渠道经费比重为 49.72%，比 20 年前的 1995 年增长了 44.60 个百分点。而这还是三年行动计划干预后的结果，在最高点的 2010 年，私人渠道经费占据了学前教育经费投入的 57.32%。

　　小学、中学和特殊教育三个学段的私人教育经费比重则经历了一个明显的下降过程。2015 年小学私人渠道教育经费比重为 3.34%，20 年间下降了 9.94 个百分点；中学 2015 年私人渠道教育经费比重为 8.12%，20 年间下降了 6.08 个百分点；特殊教育学校 2015 年私人渠道教育经费比重为 0.72%，20 年间下降了 3.66 个百分点。

三、公共和私人对教育机构投资的相对比例之国际比较

　　部分 OECD 国家私人教育投资的比重情况如表 5-10 所示。整体

来看，各国在过去 20 年间都经历了私人教育投资占教育经费总投入比重增加的趋势。平均而言，OECD 国家由 1995 年的私人教育投资占教育经费投入的 14.00%，发展到 2014 年的 15.44%，上升了1.44 个百分点。变动最大的是澳大利亚，20 年间私人投资占教育经费投入的比重提高了 10.97 个百分点。

表 5-10　1995—2014 年部分 OECD 国家私人教育投资占教育经费总投入的比重(%)

国家	1995	1999	2006	2010	2014
澳大利亚	21.30	23.50	27.60	25.90	32.27
加拿大	17.70	20.20	26.20	24.20	27.10
芬兰	m	2.20	2.50	2.40	1.60
法国	8.60	8.10	9.10	10.20	12.55
德国	22.20	22.10	14.80	m	13.15
意大利	3.00	9.70	7.70	9.90	13.22
日本	24.50	24.40	33.30	29.80	27.71
韩国	41.00	41.30	41.20	38.40	32.00
美国	25.00	25.00	32.00	30.60	33.02
CECD 平均	14.00	12.00	15.30	16.40	15.44

注:m 表示数据缺失。

资料来源:OECD 历年《教育概览》。

而从分学段的情况来看，OECD 各国在高等教育阶段经历了成本分担的公私比例变动。如图 5-15 所示，1995 年，高等教育 25.00% 的经费来源于私人，到了 2014 年，这一比重上升到 30.09%。

可见，我国教育经费来源中私人教育投资的比重并不比 OECD 国家的平均水平更高。从各个学段来看，我国的学前教育阶段私人投资的比重要明显高于 OECD 国家的平均水平，其他学段的比重则大致与 OECD 国家相当，甚至略低于 OECD 国家的平均水平。

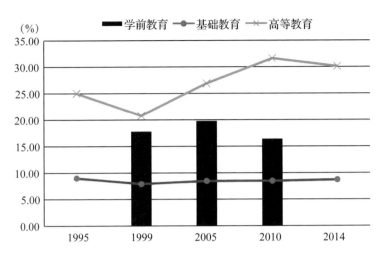

**图 5-15　1995—2014 年 OECD 国家分学段私人教育
投资占教育经费总投入的比重**

注：2000 年以前，OECD 还没有关注学前教育，未提供学前教育分担数据。2017 年报告显示，OECD 国家平均的学前教育经费中，私人分担比例为 18%。

资料来源：OECD，《教育概览》（2017），390 页。

第五节　不同层次教育机构的人均支出占人均 GDP 的比例

一般而言，伴随着经济发展水平和物价水平的提升，生均经费总是会提升的。为了杜绝物价水平的影响，我们采用不变价格的方式重新计算生均经费，但这无法剔除经济发展水平对生均经费支出的变动影响。

为了精确地反映教育投入的增长水平，国际上广泛采用生均教育经费指数作为代理指标，其计算公式为：某级生均教育经费指数＝生均教育经费/人均国民生产总值。

一、改革开放以来生均教育经费指数的变化

首先，考察基础教育阶段生均教育经费指数及其变动。

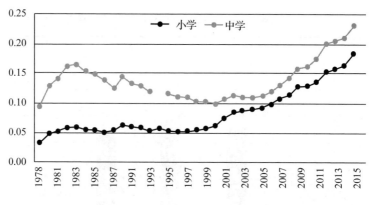

图 5-16　1978—2015 年小学、中学生均教育经费指数的变化

图 5-16 是 1978—2015 年以来小学、中学生均教育经费指数的变动情况。可以看出，整体来看这 40 年间我国基础教育阶段的生均教育经费指数是呈上涨趋势的，这意味着在剔除物价和经济发展水平的因素后，我国为基础教育阶段每个学生投入的经费也是增长的。

具体来看，1978 年我国小学生均教育经费指数为 0.03，中学生均教育经费指数为 0.09；到了 2015 年，这一数据上涨为小学 0.18，中学 0.23，分别上涨了 5 倍和 1.56 倍。

其次，考察高校的生均教育经费指数情况，图 5-17 展示了

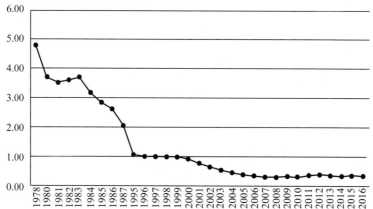

图 5-17　1978—2016 年高校生均教育经费指数的变化

1978—2016 年我国高校生均教育经费指数的变动。与基础教育阶段不同的是，高校生均教育经费指数经历了一个不断下降的过程。1978 年，高校生均教育经费指数为 4.79，到了 2016 年，这一指数下降为 0.35，40 年间缩减了 12.68 倍。

高校生均教育经费指数的不断下降，与基础教育阶段生均教育经费指数的不断攀升，体现的是我国三级教育间教育经费分配的不断合理过程。2015 年的三级教育生均教育经费指数分别为 0.18、0.23、0.36，相较 1978 年的 0.03、0.09、4.79 更为均匀，更为合理。

二、生均教育经费指数的国际比较

生均教育经费指数是每年 OECD 发布《教育概览》时衡量教育投资水平的重要指标，图 5-18 展示了 1995—2014 年 OECD 国家各学段生均教育经费指数的平均水平。

与我国相比，OECD 国家在生均教育经费指数的变动上更为平稳，三级教育间的差异也不大，显示出一种稳定的结构和指数特征。

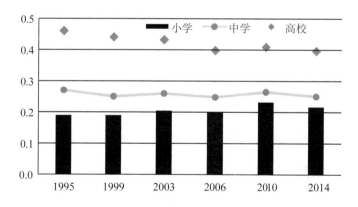

图 5-18　1995—2014 年 OECD 国家各学段生均教育经费指数

图 5-19 至图 5-21 展示了部分 OECD 国家 1995—2014 年不同学段生均教育经费指数及其变动。可以看出，这些国家的生均教育经费指数已经很稳定，与我国过去这些年的大起大落完全不同。

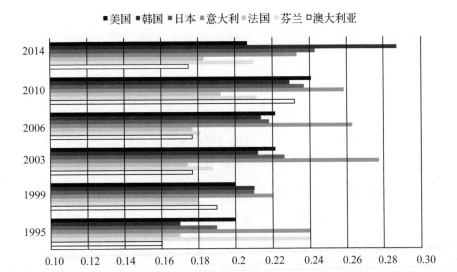

图 5-19　1995—2014 年部分 OECD 国家小学生均教育经费指数

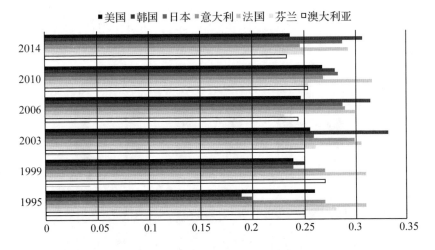

图 5-20　1995—2014 年部分 OECD 国家中学生均教育经费指数

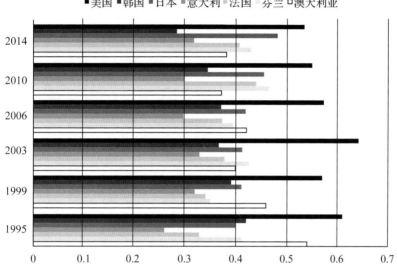

图 5-21　1995—2014 年部分 OECD 国家高校生均教育经费指数

第六节　教育经费的支出结构

对教育经费支出结构的考察，实际上是在考察政府如何在不同的类别支出中，安排有限的教育经费支出。从我国的教育经费统计来看，教育经费一般被划分为教育事业费和基建费用。其中，教育事业费包含了个人部分和公用部分的经费支出，基建费用则主要是指基建拨款和自筹基建支出（2008 年之前）或者购置固定资产、土地、无形资产和大型修缮支出（2008 年及以后）。

一、改革开放以来教育经费支出结构及其变化

首先考察教育经常性开支即教育事业经费占教育经费支出的比重的变化。图 5-22 是 1978—2015 年我国教育经费支出中教育事业费的比重及其变化。尽管由于 1995 年前后的数据源不同，导致数据口径有可能不一致而带来了误差，但总体来看，很明显的一个趋势是

我国教育事业费支出占教育经费支出的比重逐渐变大。这也符合教育的规律：伴随着教育基础设施的完善，教育的支出从整体来看就主要是经常性的费用支出了。

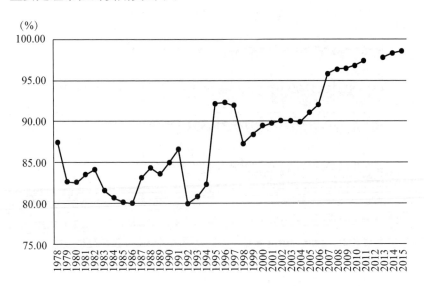

图 5-22　1978—2015 年教育经费支出中教育事业费比重的变化

资料来源：1978—1994 年数据来源于《中国财政年鉴》；1995 年之后的数据来源于《中国教育经费统计年鉴》。

具体来看，1978 年我国教育经费中有 87.41% 用于教育事业费支出，2015 年则有高达 98.55% 的经费用于教育事业费用的支出。而相应的，教育基建费用的支出只在 20 世纪 80 年代与 21 世纪初的头几年有过较高比例，都维持在 5% 之上，而在 2007 年之后，教育基建费用的比重在教育经费支出中已经不足 5%。尽管这意味着我国各级各类学校的基础设施建设已经较为完善，但伴随着"二孩"政策的实施带来的生源扩张，给学校扩建带来的压力，以及陈旧校舍的改造、修缮需要资金的情况增多，未来教育基建费用的支出比例不太可能硬性维持在一个很低的水平。

二、教育经费支出结构的国际比较

在 OECD 国家，对教育经费的支出通常是严格按照表 5-1 的支出分类标准来进行的，这一框架和我国的统计框架并不一致。因此，精确地进行国际比较同样是无法完成的。

但是，OECD 的《教育概览》同样将教育的支出划分为经常性支出与资本性支出，尽管指标的口径不完全一致，但也大致相当于我国的事业费支出与基建支出。2014 年，OECD 国家平均将 91％的教育经费用于经常性支出，而这一比例在过去数年间的变动大致如图 5-23 所示。在 OECD 国家，用于基础教育阶段经常性开支的比重大致稳定，而用于高等教育阶段经常性开支的比重在过去 20 年间则有一定幅度的上升。这可能与高等教育的大众化导致高校在资本性投入上比重较大有关。但我们同时也注意到，在 OECD 国家，经常性支出占教育经费支出的比重并不像我国那么高，这意味着在 OECD 国家留有一定比例的经费用于基建投入。

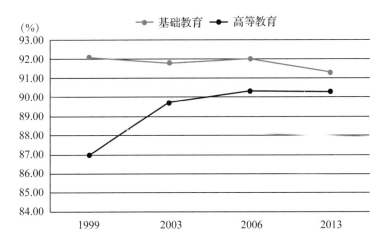

图 5-23 1999—2013 年 OECD 国家经常性教育支出占教育经费总投入的比重

资料来源：OECD 历年《教育概览》。

在考察教育经费的支出结构时，教育经常性费用中用于人员经费的比重也通常是一个比较的指标。考察近年来 OECD 国家的经常性经费支出，发现不管是在基础教育阶段还是高等教育阶段，经常性费用支出中用于人员经费的支出都占据了大部分，并且在基础教育阶段会更为明显。整体来看，在基础教育阶段大约 80％的经费是人员经费，高等教育阶段则为 65％～70％（见图 5-24）。

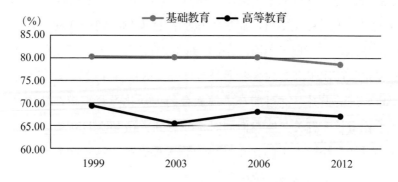

图 5-24　1999—2012 年 OECD 国家人员经费占经常性经费的比重

在我国，对教师人力资本的重视显然不如 OECD 国家。图 5-25 展示了 1995 年以来我国教育事业费中，用于教师的人员经费比重，可以看出这一比重是一路下滑的。1995 年，教育事业费中 60.88％的费用用于教师人员开支，到了 2015 年这一比例已经下滑到了 41.10％。这意味着教师通过工资福利获得的收入增长远远低于教育经费的增长，体现了对物的重视与对人的轻视，未来还需各级政府进一步努力改善。

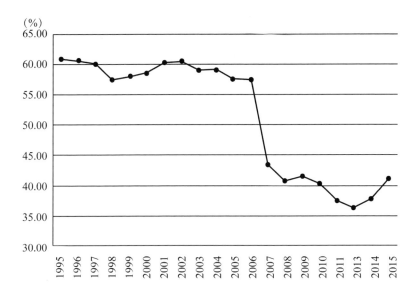

图 5-25 1995—2015 年我国教育事业费中用于教师的人员经费

资料来源：历年《中国教育经费统计年鉴》。

第六章
教师人力资源投入

　　教师，作为教育发展过程中的投入要素，对教育产出数量和质量都发挥着重要作用，是学校能否健康、稳定发展的决定性因素。教师人力资源的配置不仅对教师人力资源的利用效率具有积极的影响，也是教育规划过程中需要全面考虑的问题。教师人力资源包括数量和质量两个方面，教师数量的充分供给有利于各级教育普及程度的全面推进，而教师质量的全面提升有利于培养未来劳动者的劳动技能和创新能力。在我国进入以创新为主要驱动力的经济发展阶段之后，全面考察和分析教师人力资源投入的指标体系，就具有重要的现实意义。

　　从我国教育统计年鉴的文献中可以看出，我国对教师人力资源投入的指标包括教师的从业人数、学历、职称、年龄等几个方面。教师队伍的质量既取决于教师个人的素质，也与教师队伍的结构状态相关，结构合理则有利于发挥教师的群体优势。我国教师队伍在从量的发展阶段向质的转变阶段转型过程中，还须优化师资队伍的结构，以充分发挥教师的群体优势。

第一节 教师从业人数

一、教师从业人数的政策意义

教师数量问题是教育发展规划的重要课题，人员充足的教师队伍是扩大我国教育规模、提高教学质量、实现教育公平的基本保证。但过于庞大的教师队伍，往往又会造成教育经费的浪费，导致教育发展的低效。在注重教育资源均衡配置的今天，足够数量的优质教师资源的合理配置仍是我们需要长期努力的重点所在。

二、改革开放以来各级各类学校教师从业人数的变化

改革开放以来，我国的教育事业取得了巨大的进展，全国各级各类学校的专任教师总人数也稳步增长。从图 6-1 可以看出，改革开放以来，我国各级各类学校的教师人数均呈上涨趋势。我国各级普通学校专任教师总人数从 1978 年的 902.31 万人增加到 2016 年的 1 579.2 万人，增长 75.02%。依据教师总人数的发展变化过程，可以把教师队伍的发展分为三个阶段：第一阶段(1978—1985 年)，这是我国教育事业的恢复发展时期，这一时期教师人数相对稳定，一

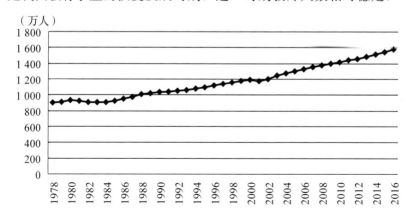

图 6-1　1978—2016 年专任教师从业总人数的变化

直维持在约 900 万人的规模，这与当时我国在校生人数的变化紧密相关。第二阶段(1985—2005 年)，这一时期教师从业总人数保持了一定的增长速度，尤其在 1995—2000 年间，增长比率达到 10.5%，并且总人数突破了千万。第三阶段(2005—2016 年)，这一时期教师从业总人数依然维持了第二阶段的增长速度，年均教师数量增长 25 万以上，但是从 2005 年开始，教师的供给由短缺进入富裕阶段。

(一)高等教育教师队伍的发展变化

从图 6-2 可以看出，改革开放以来，高等学校专任教师队伍的增长速度相对其他教育阶段而言上涨趋势明显。受招生政策和招生数量的影响，教师队伍的发展可以较为明显地分为四个阶段：第一阶段(1978—1985 年)，高等学校教师人数从 20.63 万人增长到 34.43 万人，在 1977 年恢复高考之后，高校教师规模也随之迎来了增长的小高潮。第二阶段(1985—1998 年)，经历前段时期的增长后，高校教师规模在这一阶段较为稳定，尤其在 1988—1995 年间几乎维持着相同的规模。第三阶段(1998—2010 年)，我国高等教育的教师队伍进入了一个新的增长高峰期，从 40.73 万人激增到 134.31 万人，教师人数增长率为 229.76%，年均增长率为 19.15%。随着

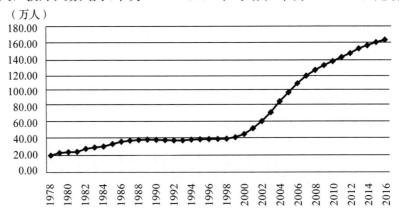

图 6-2　1978—2016 年高等教育专任教师人数的变化

1999 年高校扩招，对教师的需求激增，在 2000 年以后更是呈现高速增长的态势，年均增长率达到 19.02％。第四阶段（2010 年以后），经历前段时期的高速增长后，由于招生数量趋于稳定，高校教师数量的增加也开始趋于平缓。2010—2016 年，教师人数的年均增长率仅为 3.21％，为上一阶段的 1/5。

（二）中小学教师队伍的发展变化

如图 6-3 所示，改革开放以来，我国小学专任教师队伍相对稳定，人数总量基本上保持在 550 万人左右。中学专任教师队伍的发展可以明显地分为三个阶段：第一阶段（1978—1985 年），从 1978 年的 318.2 万人到 1985 年的 265.16 万人，中学教师队伍呈现一种下降的趋势。第二阶段（1985—2005 年），在这 20 年间，中学专任教师队伍一直保持着稳定的增长，从 1985 年的 265.16 万人增加到 2005 年的 477.13 万人，教师人数增加了 80％，年均增长率为 4％。第三阶段（2005 年以后），由于人口老龄化和计划生育政策的双重影响，在这一阶段，学龄总人口趋于稳定，导致中学专任教师数量的增长也开始趋缓，2005—2016 年，教师人数增加了 9.43％，年均增长率为 0.86％，仅为上一阶段的 1/5。

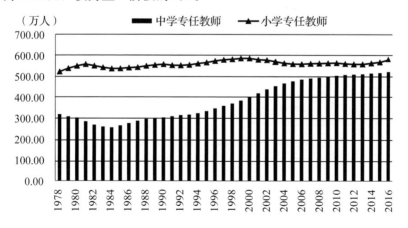

图 6-3　1978—2016 年中小学专任教师人数的变化

（三）幼儿园教师队伍的发展变化

随着学前教育事业的发展，幼儿园教师队伍的发展也非常迅速。改革开放以来，幼儿园教师队伍的发展也可以分为三个阶段：第一阶段（1978—1995 年），教师队伍呈现增加的趋势，教师人数从 1978 年的 27.75 万人增加到 1995 年的 87.51 万人，年均增长率为 12.67％。第二阶段（1995—2005 年），在这一阶段，教师人数开始趋于稳定并逐步下降。进入 2000 年，随着幼儿园适龄儿童数量的减少，幼儿园教师队伍人数开始出现下降，2000—2005 年出现了 U 形的变化趋势，两年之内约减少了 28.53 万人。第三阶段（2005 年以后），教师的人数开始稳步增长，特别是在 2009 年以后，由于"学前教育行动计划"等政策的实施，学前教育教师的数量进入快速增长的通道。2005—2016 年，教师数量从 72.16 万人增加到 223.21 万人，增加了 209.33％，年均增长率为 19.03％（见图 6-4）。

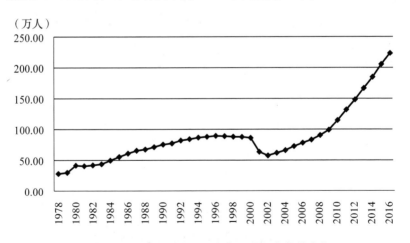

图 6-4　1978—2016 年幼儿园专任教师人数的变化

第二节　教师的学历结构

一、教师学历结构的政策意义

学历结构是指教师群体中每个成员接受不同层次专业教育的比例。学历结构反映了教师的业务素质及其以后发展的可能，它是衡量教师队伍水平的一个重要标志。

教师作为一种专门人才，必须具有一定的资格。1966年，国际劳工组织、联合国教科文组织发表了《关于教师地位的建议》，其中明确写道：教育工作应被视为专门职业（Profession）。这种职业是一种要求教员具备经过严格而持续不断地研究才能获得并维持的专业知识及专门技能的公共业务。也就是说，从事教育的人必须在职前接受规定的专门教育，并具有一定的学历基础。因此，各国在提高师资水平、加强教师队伍建设过程中都对教师的学历做出了相应的规定。

随着时代的发展，教师学历结构也在不断地升级。在我国，改革开放初期，并没有严格的教师资格制度，教师也就没有法定的资格标准，结果出现了多种身份教师（公办教师、民办教师、临时代课教师、以工代教教师等）并存的局面。这批教师大部分都没有接受过正规的师范教育（有的仅是初小毕业）。这种情况严重影响了教师队伍的整体素质和教学质量。1993年，《中华人民共和国教师法》颁布，在第十条中明确提出，国家实行教师资格制度，并对获得教师资格的学历做出了相应的要求：取得幼儿园教师资格，应当具备幼儿师范学校毕业及其以上学历；取得小学教师资格，应当具备中等师范学校毕业及其以上学历；取得初级中学教师资格，应当具备高等师范专科学校或者其他大学专科毕业及其以上学历；取得高级中学教师资格，应当具备高等师范院校本科或者其他大学本科毕业及其以上学历；取得高等学校教师资格，应当具备研究生或者大学本科毕业学历。《中华人民共和国教师法》对教师学历的要求为我国教师学历的升级制定了新的标准。

为全面实施《国家中长期教育改革和发展规划纲要（2010—2020年）》和《国家中长期人才发展规划纲要（2010—2020 年）》，教育部陆续出台了《国家教育事业发展"十二五"规划纲要》和《国家教育事业发展"十三五"规划纲要》（以下简称《教育规划纲要》）。《教育规划纲要》明确指出要在 2015 年实现义务教育阶段新增教师具备高一级学历的比例达到 85％以上，同时实施卓越教师培养计划，扩大教育硕士招生规模，培养高层次中小学教师。这样的变化和政策效果都体现在教师学历的统计数据上。

二、改革开放以来各级各类学校教师学历结构的变化

（一）普通高校教师的学历结构

在实施科教兴国的战略布局中，高等教育担负着重要的历史使命，它的发展水平对经济的增长和社会的进步有着十分重要的影响。高等教育的发展水平、人才培养的质量，又在很大程度上取决于教师队伍的整体素质。改革开放以来，高校教师队伍建设在改革中发展，困难中前进，取得了积极成效。

表 6-1　1985—2016 年普通高校专任教师各学历占比（％）

年份	博士	硕士	本科	专科及以下
1985	0.41	5.06	32.86	61.68
1987	0.51	8.67	36.37	54.45
1988	0.60	11.21	38.79	49.40
1989	0.79	13.23	38.90	47.08
1990	0.98	15.23	42.68	41.11
1991	1.17	16.86	39.92	42.05

续表

年份	博士	硕士	本科	专科及以下
1992	1.39	17.91	42.13	38.56
1993	1.70	19.00	43.48	35.82
1994	2.19	19.50	46.12	32.19
1995	2.61	20.32	50.32	26.76
1996	3.11	21.31	48.79	26.79
1997	3.83	22.37	49.24	24.55
1998	4.65	23.14	50.10	22.11
1999	5.44	23.61	51.14	19.82
2000	6.10	23.38	54.17	16.34
2001	6.55	22.85	52.65	17.94
2002	7.02	24.16	64.24	4.57
2003	7.40	25.19	63.27	4.14
2004	8.21	26.08	62.06	3.65
2005	9.16	27.85	59.88	3.11
2006	10.09	29.54	57.64	2.73
2007	11.21	31.07	55.33	2.39
2008	12.28	32.39	53.16	2.17
2009	13.58	33.52	51.01	1.89
2010	14.92	34.50	48.92	1.67
2011	16.33	35.07	47.04	1.56
2012	17.66	35.67	45.24	1.42
2013	19.06	35.79	43.74	1.41
2014	20.41	36.03	42.24	1.32
2015	21.52	36.20	41.02	1.25
2016	22.86	36.31	39.61	1.22

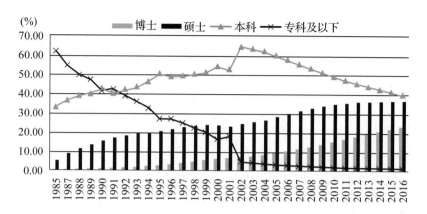

图 6-5　1985—2016 年普通高校专任教师学历结构的变化

从表 6-1、表 6-2 和图 6-5 中的数据可以看出，1985 年全国高校专任教师中，具有研究生学历的 18 811 人，本科学历的 113 117 人，专科及以下学历的 212 334 人，分别占教师总数的 5％、33％、62％。2016 年全国高校专任教师中，具有研究生学历的 947 904 人，其中，具有博士学位的 366 289 人，占教师总数的 23％，具有硕士学位的 581 615 人，占教师总数的 36％。与 1985 年相比，具有研究生学历的教师是 1985 年的 50.4 倍，年均增长率为 159.33％。

表 6-2　1985—2016 年普通高校专任教师各学历人数(人)

年份	博士	硕士	本科	专科及以下
1985	1 396	17 415	113 117	212 334
1987	1 972	33 411	140 143	209 826
1988	2 371	44 081	152 497	194 236
1989	3 138	52 583	154 579	187 065
1990	3 882	60 105	168 391	162 188
1991	4 591	65 877	155 990	164 313
1992	5 404	69 433	163 283	149 465
1993	6 583	73 690	168 624	138 911

续表

年份	博士	硕士	本科	专科及以下
1994	8 691	77 293	182 807	127 598
1995	10 443	81 420	201 657	107 222
1996	12 532	85 775	196 357	107 805
1997	15 500	90 491	199 177	99 303
1998	18 921	94 228	204 043	90 061
1999	23 136	100 492	217 694	84 360
2000	28 228	108 210	250 695	75 639
2001	34 853	121 546	280 070	95 441
2002	43 442	149 392	397 294	28 291
2003	53 612	182 517	458 522	30 007
2004	70 487	223 860	532 705	31 341
2005	88 450	269 003	578 366	30 020
2006	108 605	317 823	620 191	29 370
2007	130 926	363 034	646 424	27 916
2008	151 907	400 820	657 890	26 834
2009	175 872	434 162	660 715	24 499
2010	200 337	463 401	656 991	22 398
2011	227 400	488 373	655 118	21 785
2012	254 399	513 793	651 623	20 477
2013	285 353	535 784	654 660	21 068
2014	313 136	552 854	648 230	20 290
2015	338 442	569 321	645 068	19 734
2016	366 289	581 615	634 501	19 563

　　从教师群体的各学历人数来看，研究生学历教师的数量明显增加（见图6-6）。2010年之前，硕士学历教师的增加速度是快于博士

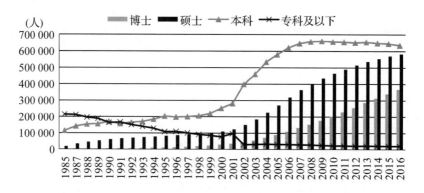

图 6-6　　1985—2016 年普通高校专任教师各学历人数的变化

学历教师的，但从近 6 年的数据来看，博士学历教师的增加速度要快于硕士学历教师。同时，本科学历教师的总量在减少，专科学历教师基本已经退出高校教师队伍。以上两方面的数据变化说明，高校教师学历准入门槛已经达到硕士研究生要求，高校教师的整体学历水平进一步提高。

（二）普通中学高中教师的学历结构

《中华人民共和国教师法》规定：取得高级中学教师资格，应当具备高等师范院校本科或者其他大学本科毕业及其以上学历。数据显示，普通高中本科学历教师的比例从 1985 年的 40％提高到 2016 年的 90％，并且 2016 年的统计数据显示拥有研究生学历的人数为 137 689 人，占教师总人数的 8％。

结合表 6-3 和图 6-7 可以发现，至 2016 年，我国高中专任教师的学历结构已经实现了全面优化，本科学历教师占据了教师主体，研究生学历教师在全体教师中也占有明显的比例，不符合学历要求的教师已经逐步退出高中教师队伍。

表 6-3　1985—2016 年普通中学高中专任教师各学历占比(%)

年份	研究生	本科	专科	中专、高中及以下
1985	0.00	39.61	43.38	17.01
1987	0.00	40.08	45.46	14.46
1988	0.00	41.34	46.43	12.23
1989	0.00	43.49	45.99	10.52
1990	0.00	45.52	46.70	7.78
1991	0.00	47.20	45.34	7.47
1992	0.00	49.12	44.56	6.32
1993	0.00	51.09	43.37	5.54
1994	0.00	53.38	41.83	4.79
1995	0.00	55.21	40.68	4.11
1996	0.00	57.95	38.71	3.34
1997	0.00	60.73	36.57	2.71
1998	0.00	63.49	34.39	2.12
1999	0.00	65.85	32.46	1.69
2000	0.00	68.43	30.23	1.35
2001	0.63	70.08	28.38	0.92
2002	0.80	72.08	26.42	0.71
2003	0.86	74.85	23.73	0.56
2004	1.04	78.56	20.00	0.40
2005	1.18	82.28	16.23	0.31
2006	1.38	85.08	13.28	0.26
2007	1.77	87.53	10.50	0.20
2008	2.20	89.35	8.27	0.18
2009	2.81	90.79	6.26	0.13
2010	3.63	91.17	5.08	0.11

续表

年份	研究生	本科	专科	中专、高中及以下
2011	4.30	91.43	4.17	0.10
2012	5.01	91.43	3.48	0.08
2013	5.75	91.05	3.11	0.08
2014	6.36	90.89	2.70	0.06
2015	7.15	90.55	2.25	0.05
2016	7.94	89.97	2.04	0.05

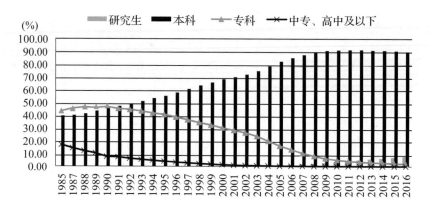

图 6-7　1985—2016 年普通中学高中专任教师学历结构的变化

　　表 6-4 和图 6-8 则显示了我国普通中学高中专任教师各学历人数的发展变化。在 1990 年以前，我国普通高中教师以专科生为主，本科生人数要少于专科生人数；到 1990 年，二者几乎持平；1995 年以后，专科毕业的高中教师人数逐渐减少；到 2005 年，我国普通高中教师的主体已经成为本科毕业的教师，顺利完成了教师学历的升级。到 2010 年，普通高中教师学历的主体已经转化为本科和研究生毕业的教师，且研究生学历的教师数量不断上升，甚至在近几年研究生学历高中教师的增加速度开始快于本科学历教师，这也与《教育规划纲要》提出的目标一致。

表 6-4　1985—2016 年普通中学高中专任教师各学历人数(人)

年份	研究生	本科	专科	中专、高中及以下
1985	0	194 781	213 285	83 624
1987	0	217 978	247 280	78 639
1988	0	230 215	258 564	68 107
1989	0	240 895	254 724	58 239
1990	0	255 970	262 576	43 720
1991	0	270 571	259 896	42 795
1992	0	283 003	256 743	36 399
1993	0	285 592	242 442	30 942
1994	0	291 879	228 741	26 219
1995	0	303 941	223 951	22 629
1996	0	331 541	221 433	19 097
1997	0	367 467	221 295	16 370
1998	0	407 860	220 967	13 615
1999	0	455 989	224 768	11 682
2000	0	517 888	228 775	10 187
2001	5 311	588 655	238 369	7 692
2002	7 524	681 850	249 924	6 697
2003	9 244	801 276	254 026	6 029
2004	12 329	935 371	238 183	4 798
2005	15 345	1 069 145	210 907	4 063
2006	19 079	1 180 242	184 267	3 594
2007	25 547	1 263 090	151 583	2 884
2008	32 520	1 318 341	122 055	2 617
2009	42 015	1 355 809	93 476	2 013

续表

年份	研究生	本科	专科	中专、高中及以下
2010	55 151	1 384 203	77 116	1 724
2011	66 976	1 423 405	64 849	1 599
2012	79 860	1 458 377	55 542	1 256
2013	93 703	1 483 256	50 736	1 313
2014	105 740	1 511 153	44 840	967
2015	121 289	1 535 109	38 103	853
2016	137 689	1 559 619	35 338	813

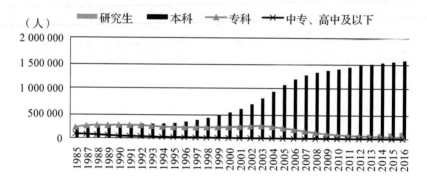

图 6-8   1985—2016 年普通中学高中专任教师各学历人数的变化

（三）普通中学初中教师的学历结构

《中华人民共和国教师法》规定：取得初级中学教师资格，应当具备高等师范专科学校或者其他大学专科毕业及其以上学历。结合表 6-5 和表 6-6 可以看出，初中教师队伍中的本、专科学历教师人数明显增加，以专科学历作为初中教师的合格学历，1985 年时教师的学历合格率仅为 27%，2016 年时，初中教师的学历合格率几乎达到 100%，且 80% 以上都是本科学历，其中包括研究生 76 857 人。

表 6-5　1985—2016 年普通中学初中专任教师各学历占比（％）

年份	研究生	本科	专科	中专、高中及以下
1985	0.00	5.37	22.08	72.55
1987	0.00	5.28	25.43	69.29
1988	0.00	5.69	29.92	64.39
1989	0.00	6.29	34.99	58.72
1990	0.00	6.85	41.67	51.48
1991	0.00	7.29	44.51	48.20
1992	0.00	7.81	47.81	44.38
1993	0.00	8.38	51.16	40.46
1994	0.00	8.95	54.89	36.16
1995	0.00	9.43	59.70	30.87
1996	0.00	9.97	65.56	24.47
1997	0.00	10.61	69.88	19.51
1998	0.00	11.38	72.05	16.57
1999	0.00	12.44	73.19	14.37
2000	0.00	14.18	72.91	12.92
2001	0.07	16.87	71.86	11.19
2002	0.11	19.63	70.62	9.64
2003	0.14	23.68	68.21	7.96
2004	0.16	28.97	64.66	6.21
2005	0.21	35.10	59.94	4.76
2006	0.25	40.86	55.23	3.66
2007	0.31	46.95	49.92	2.81
2008	0.39	52.83	44.57	2.21
2009	0.50	58.94	38.84	1.71
2010	0.64	63.41	34.60	1.35

年份	研究生	本科	专科	中专、高中及以下
2011	0.86	67.36	30.70	1.09
2012	1.04	70.59	27.49	0.88
2013	1.30	73.57	24.41	0.72
2014	1.57	76.32	21.64	0.47
2015	1.88	78.35	19.43	0.34
2016	2.20	80.27	17.29	0.24

表 6-6　1985—2016 年普通中学初中专任教师各学历人数(人)

年份	研究生	本科	专科	中专、高中及以下
1985	0	115 985	477 012	1 566 908
1987	0	122 782	591 660	1 612 085
1988	0	136 722	718 905	1 547 115
1989	0	152 662	849 142	1 424 776
1990	0	169 268	1 029 427	1 271 660
1991	0	183 393	1 120 198	1 213 068
1992	0	200 432	1 226 315	1 138 240
1993	0	218 635	1 334 194	1 055 026
1994	0	240 501	1 474 898	971 469
1995	0	262 511	1 661 851	859 359
1996	0	288 415	1 896 488	707 785
1997	0	316 335	2 083 604	581 691
1998	0	347 503	2 200 943	506 212
1999	0	391 751	2 304 064	452 302
2000	0	460 527	2 368 424	419 657
2001	2 410	565 012	2 406 306	374 668

续表

年份	研究生	本科	专科	中专、高中及以下
2002	3 608	673 487	2 422 499	330 713
2003	4 991	821 025	2 364 815	275 904
2004	5 426	1 007 333	2 247 998	216 027
2005	7 222	1 218 577	2 080 897	165 143
2006	8 647	1 415 008	1 913 017	126 806
2007	10 759	1 626 533	1 729 489	97 515
2008	13 557	1 832 605	1 546 219	76 576
2009	17 507	2 070 995	1 364 716	60 220
2010	22 681	2 234 092	1 219 068	47 541
2011	30 237	2 374 096	1 081 867	38 317
2012	36 424	2 473 810	963 243	30 886
2013	45 138	2 561 050	849 842	24 949
2014	54 775	2 662 297	754 918	16 440
2015	65 193	2 723 316	675 293	11 834
2016	76 857	2 799 585	602 922	8 425

从图 6-9 和图 6-10 中可以看出，1985—2000 年，我国普通初中教师学历增长最快的是专科毕业的教师，本科毕业及以上的教师也有一定程度的增长。但是，从 2000 年开始，专科毕业教师的数量开始逐步减少，而本科毕业教师的数量开始稳步提升，研究生毕业的劳动力也开始逐步进入初中教师队伍。2007 年以后，本科学历教师的数量开始超过专科毕业教师的数量，且稳步提升，研究生毕业的教师数量开始呈现明显增加的态势，但所占比例很低，到 2016 年也只占 2%。中专、高中及以下毕业的教师已经完全退出初中教师队伍。从整体来看，我国普通初中教师已经顺利向本科毕业教师过渡，且还在不断优化中。

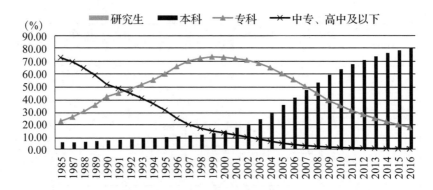

图 6-9　1985—2016 年普通中学初中专任教师学历结构的变化

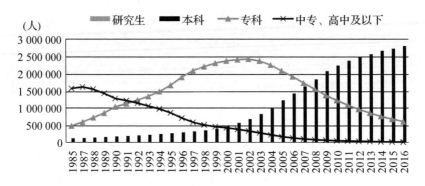

图 6-10　1985—2016 年普通中学初中专任教师各学历人数的变化

（四）小学教师的学历结构

从现有数据来看，改革开放以来，在 1995 年之前，中等师范学校承担着培养我国小学教师队伍的任务，小学教师队伍学历水平分为中师、初师及初师以下三个水平层次。1995 年以后，国家提出小学教师学历大专化的要求，师范教育体系逐步由三级向两级过渡，教师的学历水平统计也显示为本科、大专、中专、高中毕业、高中以下四个水平层次。在 1995 年之前，小学教师以中等师范生为主体，1990 年时，中等师范学历的教师占整个教师群体比例的 73.9%。1995 年时，大专及以上学历在小学教师队伍中仅占 5.6%。

为了适应基础教育改革与发展的需要，我国对培养专科学历小学教师工作进行了较长时间的积极探索，到 2001 年，小学教师中达到专科以上学历者已占小学教师队伍的 27.4％。为进一步贯彻落实《中共中央国务院关于深化教育改革，全面推进素质教育的决定》精神，大力提高小学教师整体素质，加强专科以上学历小学教师培养工作，教育部于 2002 年 9 月 5 日发出了《关于加强专科以上学历小学教师培养工作的几点意见》，指出要把专科以上学历小学教师的培养纳入高等教育体系。2016 年时，大专及以上学历在小学教师队伍中的比例已经上升到 94％，其中本科学历占比 50％，专科学历占比 43％，研究生 44 914 人（如表 6-7 和表 6-8 所示）。

表 6-7　1991—2016 年普通小学专任教师各学历占比（％）

年份	研究生	本科	专科	中专、高中及以下
1991	0.00	0.14	2.52	97.34
1992	0.00	0.16	2.98	96.87
1993	0.00	0.18	3.57	96.25
1994	0.00	0.22	4.32	95.46
1995	0.00	0.27	5.35	94.38
1996	0.00	0.32	7.20	92.48
1997	0.00	0.41	9.66	89.93
1998	0.00	0.54	12.30	87.17
1999	0.00	0.74	15.52	83.74
2000	0.00	1.00	19.04	79.95
2001	0.01	1.60	25.79	72.60
2002	0.01	2.16	30.92	66.91
2003	0.02	3.07	37.43	59.48
2004	0.02	4.58	44.16	51.24

续表

年份	研究生	本科	专科	中专、高中及以下
2005	0.03	6.70	49.63	43.65
2006	0.04	9.13	52.89	37.93
2007	0.04	12.21	54.63	33.12
2008	0.06	15.60	55.22	29.12
2009	0.08	19.71	55.04	25.17
2010	0.11	23.59	54.58	21.71
2011	0.19	28.28	53.58	17.95
2012	0.26	32.32	52.33	15.09
2013	0.36	36.88	50.09	12.67
2014	0.48	41.20	48.16	10.16
2015	0.62	45.31	45.96	8.11
2016	0.78	49.64	43.23	6.35

表 6-8　1991—2016 年普通小学专任教师各学历人数(人)

年份	研究生	本科	专科	中专、高中及以下
1991	0	7 756	139 664	5 384 832
1992	0	8 641	164 525	5 353 325
1993	0	10 162	198 201	5 343 234
1994	0	12 320	242 322	5 356 682
1995	0	15 373	302 912	5 345 772
1996	0	18 350	412 943	5 304 497
1997	0	23 487	559 941	5 210 133
1998	0	31 380	715 514	5 072 496
1999	0	43 110	909 654	4 907 691
2000	0	58 765	1 116 057	4 685 494

续表

年份	研究生	本科	专科	中专、高中及以下
2001	542	92 712	1 495 490	4 209 002
2002	762	124 678	1 786 756	3 866 657
2003	1 018	175 263	2 134 696	3 391 773
2004	1 395	257 650	2 485 580	2 884 235
2005	1 649	374 464	2 775 393	2 440 947
2006	2 158	510 232	2 955 535	2 119 632
2007	2 339	685 301	3 066 164	1 858 759
2008	3 386	877 063	3 104 234	1 637 255
2009	4 684	1 110 503	3 100 558	1 417 702
2010	6 407	1 325 247	3 065 721	1 219 716
2011	10 729	1 584 930	3 003 101	1 006 101
2012	14 459	1 805 118	2 922 865	843 034
2013	20 228	2 059 660	2 797 184	707 572
2014	27 125	2 321 118	2 713 074	572 589
2015	35 417	2 575 703	2 612 994	461 004
2016	44 914	2 874 007	2 502 616	367 608

由图 6-11 和图 6-12 可以看出，从 1995 年开始，中专、高中及以下学历教师数量开始进入减少的通道，这说明小学提升了教师的招聘要求门槛至专科学历。2004 年以后，专科及以上学历小学专任教师的数量开始超过中专、高中及以下学历教师数量。这意味着小学专任教师学历整体实现第一次升级，且学历质量不断优化，在 2010 年已经呈现专科学历教师减少、本科学历教师不断增加的态势。这表明小学教师学历进入第二次升级，以本科学历为门槛，到 2016 年时已达到本科学历小学教师占总小学教师数量的 50%。

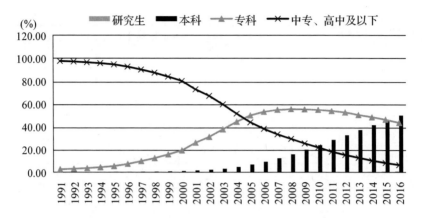

图 6-11　1991—2016 年普通小学专任教师学历结构的变化

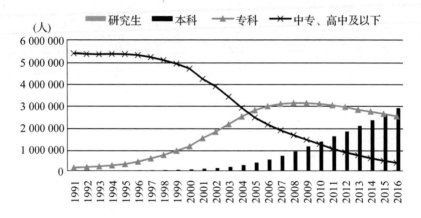

图 6-12　1991—2016 年普通小学专任教师各学历人数的变化

（五）幼儿园教师的学历结构

《中华人民共和国教师法》规定：取得幼儿园教师资格，应当具备幼儿师范学校毕业及其以上学历，相当于高中及以上学历。从我国幼儿园专任教师学历结构的变化来看，改革开放 40 年来，幼儿园教师的学历结构发生了颠覆性的变化。1981 年，我国幼儿园教师以初、高中学历为主，占幼儿园教师总量的 78%，高中及以上学历教师占 36%，而初中及以下学历占 22%。至 2016 年，高中及以上学历教师占 98%，专科及以上学历占 77%，研究生学历 3 863 人。总的来说，目前幼儿园教师的学历结构已经呈现专科学历占主体的态势，并且还在不断优化，这与《教育规划纲要》提出的增大学前教育优质资源供给的目标是一致的。

表 6-9 2001—2016 年幼儿园专任教师各学历占比(%)

年份	研究生	本科	专科	高中	高中以下
2001	0.02	1.78	28.66	61.64	7.89
2002	0.04	2.32	33.32	57.98	6.34
2003	0.06	2.91	36.66	54.80	5.57
2004	0.06	3.96	40.22	50.75	5.02
2005	0.06	5.12	42.76	47.62	4.44
2006	0.06	6.28	44.76	44.81	4.09
2007	0.07	7.82	45.88	42.48	3.76
2008	0.07	9.21	47.12	40.12	3.48
2009	0.10	10.83	47.67	38.09	3.32
2010	0.10	11.88	48.32	36.23	3.47
2011	0.10	12.95	49.43	34.26	3.26
2012	0.11	14.28	50.74	31.83	3.04
2013	0.13	15.62	52.39	29.02	2.83
2014	0.15	17.06	53.68	26.52	2.59
2015	0.16	18.33	55.31	23.99	2.21
2016	0.17	19.68	56.69	21.47	1.98

百年大计，教育为本。教育事业改革和发展的根本大计是教师队伍的建设。1993 年《中国教育改革和发展纲要》指出："振兴民族的希望在教育，振兴教育的希望在教师。"而要提高教师的素质，首先就必须提高教师的学历层次。《中国教育改革和发展纲要》提出："到本世纪末……绝大多数中小学教师要达到国家规定的合格学历标准，

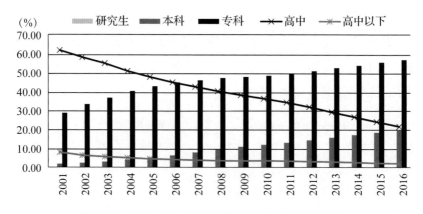

图 6-13　2001—2016 年幼儿园教师学历结构的变化

小学和初中教师中具有专科和本科学历者的比重逐年提高。"这是党中央、国务院根据我国的国情，为发展我国的教育事业而提出的一项战略任务。《面向 21 世纪教育振兴行动计划》和《中共中央国务院关于深化教育改革，全面推进素质教育的决定》，根据 21 世纪我国教育事业发展需要，对教师的学历标准提出"2010 年前后，具备条件的地区力争使小学和初中阶段教育的专任教师的学历分别提升到专科和本科层次，经济发达地区高中阶段教育的专任教师和校长中获硕士学位者应达到一定比例。提高高等学校教师中具有博士学位教师的比例"的目标，这都对我国中小学教师队伍学历的提高起到了积极的促进作用。从改革开放 40 年来的教师学历结构来看，各级教育的学历结构不断优化，基本达到了《中华人民共和国教师法》对教师学历的要求，并且对教师学历提出了新的门槛和要求。在各级教育教师学历达标和不断优化的前提下，如何提升教师教学的质量是《教育规划纲要》提出的新的发展目标，也是后期评估和发展教师质量的方向。

第三节 教师的职称结构

一、教师职称的意义

职称结构在一定程度上反映了教师队伍的学识水平和胜任教育教学工作的能力层次，也是衡量学科层次和人才培养层次的重要尺度。教师队伍的职称结构是指各类职称教职人员的数量比例关系。我国各级学校对教师的职称都有不同的分类，合理的职称结构对教师队伍建设具有极其重要的意义。

二、改革开放以来各级各类学校教师职称结构的变化

（一）普通高校教师的职称结构

改革开放以来，我国普通高校专任教师职称结构发生了巨大的变化。由表6-10和表6-11可知，1978年，中级及以上职称只占高校专任教师的23.49%，其中中级占19.53%，副高级占2.65%，正高级占1.31%。而到了2016年，中级及以上职称占高校专任教师的81.93%，其中中级占39.73%，副高级占29.58%，正高级占12.62%。2016年的正高级职称教师数量是1978年的74.6倍，副高级职称教师数量是1978年的86.7倍，中级职称数量是1978年的15.8倍。

表6-10　1978—2016年普通高校专任教师各级职称占比(%)

年份	正高级	副高级	中级	初级及未定级
1978	1.31	2.65	19.53	76.51
1980	1.47	5.25	45.25	48.03
1985	1.36	8.31	39.73	50.61
1987	3.25	16.73	34.40	45.63

续表

年份	正高级	副高级	中级	初级及未定级
1988	3.76	20.04	37.43	38.77
1989	3.85	20.86	37.29	37.99
1990	3.81	21.33	37.62	37.24
1991	4.02	21.44	38.52	36.02
1992	4.79	22.07	40.60	32.54
1993	6.29	24.59	41.91	27.21
1994	7.13	25.76	42.55	24.55
1995	7.76	26.58	41.55	24.11
1996	8.27	27.49	40.22	24.02
1997	8.88	28.25	38.76	24.10
1998	9.01	28.46	37.94	24.59
1999	9.25	29.58	36.74	24.44
2000	10.41	29.68	35.62	24.30
2001	9.53	30.33	35.19	24.95
2002	9.74	30.12	34.12	26.02
2003	9.82	29.77	33.17	27.24
2004	9.70	29.15	32.72	28.43
2005	10.00	28.80	32.30	28.90
2006	10.12	28.33	32.73	28.82
2007	10.24	27.93	33.76	28.07
2008	10.42	27.69	35.20	26.68
2009	10.67	27.85	36.87	24.62
2010	11.06	28.09	38.49	22.37
2011	11.47	28.34	39.49	20.71
2012	11.76	28.65	39.99	19.59

续表

年份	正高级	副高级	中级	初级及未定级
2013	12.13	28.88	39.88	19.11
2014	12.33	29.24	40.00	18.44
2015	12.47	29.43	39.91	18.19
2016	12.62	29.58	39.73	18.08

表 6-11　1978—2016 年普通高校专任教师各级职称人数（人）

年份	正高级	副高级	中级	初级及未定级
1978	2 709	5 467	40 277	157 801
1980	3 620	12 971	111 698	118 573
1985	4 674	28 606	136 760	174 222
1987	12 507	64 466	132 554	175 825
1988	14 778	78 777	147 184	152 446
1989	15 318	82 899	148 196	150 952
1990	15 052	84 150	148 428	146 937
1991	15 706	83 788	150 513	140 764
1992	18 559	85 548	157 343	126 135
1993	24 385	95 360	162 543	105 520
1994	28 281	102 114	168 683	97 311
1995	31 095	106 520	166 508	96 619
1996	33 276	110 640	161 863	96 690
1997	35 914	114 278	156 791	97 488
1998	36 713	115 897	154 515	100 128
1999	39 359	125 900	156 390	104 033
2000	48 674	138 820	166 607	113 671
2001	50 678	161 333	187 199	132 700
2002	60 210	186 293	210 992	160 924
2003	73 586	223 037	248 491	204 087

续表

年份	正高级	副高级	中级	初级及未定级
2004	83 231	250 251	280 905	244 006
2005	96 552	278 200	311 958	279 129
2006	108 856	304 830	352 210	310 093
2007	119 651	326 300	394 449	327 900
2008	128 966	342 699	435 640	330 146
2009	138 161	360 675	477 541	318 871
2010	148 552	377 225	516 938	300 412
2011	159 691	394 689	549 921	288 375
2012	169 423	412 692	576 013	282 164
2013	181 501	432 356	596 954	286 054
2014	189 136	448 625	613 729	283 020
2015	196 038	462 825	627 635	286 067
2016	202 154	473 801	636 438	289 575

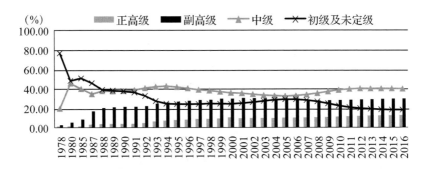

图 6-14　1978—2016 年普通高校专任教师职称结构的变化

　　由图 6-14 和图 6-15 可知，在 20 世纪 80 年代初期，中级职称教师的比例逐渐提升，进入 90 年代以后副高级的比例得到了明显的提升，到 2005 年我国普通高校教师的职称结构已发展得较为合理，以讲师和副教授为主体，二者比例超过 60%。2005 年以后，中级职称

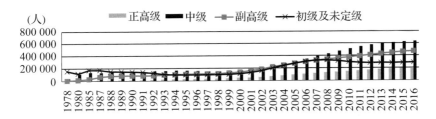

图 6-15　1978—2016 年普通高校专任教师各级职称人数的变化

人数增长速度最快，其次是副高级职称人数，正高级职称人数增长也非常明显。

(二)普通中学教师的职称结构

中学职称一般有中教三级、二级、一级、高级(高级职称、副教授级)、特级(一种荣誉)；小学职称一般有小教三级、二级、一级、高级(相当于中级职称)。1986 年开始建立的以中小学教师职务聘任制为主要内容的中小学教师职称制度，对调动广大中小学教师的积极性，提高中小学教师队伍整体素质，促进基础教育事业发展，发挥了积极作用。

中小学实行职称结构比例是深化教师职称改革、深化学校内部管理体制改革的需要。实行中小学教师职务结构比例，可以有效地缓解中小学教师职务结构失衡，高、中级职务结构比例偏低的突出矛盾，提高广大教师工作的积极性，体现职称的激励功能。

从表 6-12 和表 6-13 来看，1991 年时，我国中学专任教师高级职称非常少，不到中学教师总量的 3%，而一级、二级、三级和未评级教师的比例则相差不大。而到 2016 年时，各级职称教师的比例突出了职称的激励和荣誉功能。高级、一级、二级职称教师的占比达 91.34%，其中高级占 21.41%，一级占 40.79%，二级占 29.13%，比例约为 1∶2∶1.4，结构更加合理和科学。但是，未评级人数所占比例依然偏高，占比 7.71%，这对青年教师的职业发展和规划具有一定的负向作用。

表 6-12　1991—2016 年普通中学专任教师各级职称占比（%）

年份	高级	一级	二级	三级	未评级
1991	2.93	18.87	34.05	21.67	22.48
1992	2.80	18.35	36.21	21.84	20.80
1993	3.13	19.72	40.87	19.16	17.12
1994	3.93	21.97	43.27	16.01	14.82
1995	4.28	23.11	43.54	14.16	14.90
1996	4.61	24.08	43.18	12.69	15.43
1997	4.83	25.45	42.41	12.25	15.06
1998	4.96	26.81	41.96	11.97	14.30
1999	5.37	28.15	41.84	11.50	13.14
2000	5.73	29.21	41.96	10.85	12.24
2001	6.28	30.12	41.66	10.22	11.72
2002	7.10	31.60	40.96	9.57	10.77
2003	7.96	32.98	40.27	8.64	10.15
2004	8.91	34.33	39.47	7.73	9.56
2005	10.03	35.84	38.63	6.55	8.96
2006	11.34	37.13	37.73	5.46	8.34
2007	12.47	38.09	37.30	4.67	7.46
2008	13.70	39.00	36.50	3.76	7.03
2009	14.89	39.64	35.70	3.03	6.75
2010	16.07	40.11	34.71	2.54	6.58
2011	17.34	40.49	33.53	2.12	6.51
2012	18.35	40.72	32.68	1.69	6.56
2013	19.32	40.93	31.52	1.35	6.87
2014	20.06	41.06	30.57	1.22	7.09
2015	20.65	41.09	29.89	1.07	7.29
2016	21.41	40.79	29.13	0.95	7.71

表 6-13　1991—2016 年普通中学专任教师各级职称人数(人)

年份	高级	一级	二级	三级	未评级
1991	90 438	583 061	1 052 239	669 622	694 561
1992	87 831	576 450	1 137 432	686 069	653 350
1993	99 222	624 413	1 294 264	606 843	542 107
1994	127 227	710 565	1 399 076	517 615	479 224
1995	142 809	770 686	1 451 818	472 232	496 697
1996	159 877	834 451	1 496 156	439 690	534 585
1997	173 273	912 855	1 521 105	439 435	540 094
1998	183 430	991 088	1 551 297	442 565	528 720
1999	206 064	1 081 066	1 607 004	441 791	504 631
2000	229 561	1 169 974	1 680 827	434 661	490 435
2001	262 985	1 261 348	1 744 911	428 228	490 951
2002	310 748	1 383 032	1 792 427	418 735	471 360
2003	360 953	1 496 558	1 827 254	392 034	460 511
2004	415 802	1 602 301	1 842 476	360 697	446 189
2005	478 557	1 710 004	1 842 975	312 453	427 310
2006	550 033	1 800 843	1 830 356	264 905	404 523
2007	612 000	1 869 347	1 830 684	229 402	365 967
2008	677 584	1 928 572	1 804 759	185 789	347 786
2009	745 261	1 984 622	1 787 337	151 573	337 958
2010	809 975	2 022 134	1 749 741	128 097	331 669
2011	881 294	2 057 665	1 703 935	107 813	330 639
2012	935 576	2 076 655	1 666 497	86 047	334 623
2013	987 119	2 091 515	1 610 834	69 212	351 307
2014	1 033 365	2 114 976	1 574 534	62 999	365 256
2015	1 067 907	2 124 789	1 545 821	55 564	376 909
2016	1 117 944	2 129 970	1 521 079	49 829	402 426

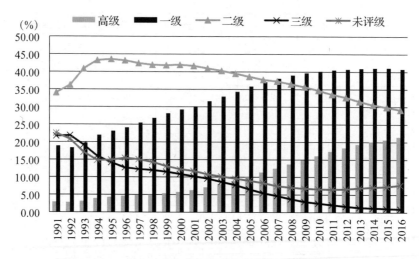

图 6-16　1991—2016 年普通中学专任教师职称结构的变化

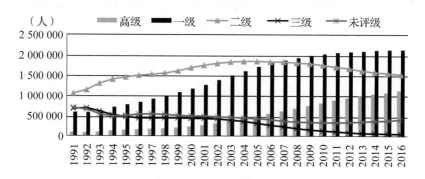

图 6-17　1991—2016 年普通中学专任教师各级职称人数的变化

由图 6-16 和图 6-17 可以发现，1997 年以后，中学专任教师职称的变动情况是高级、一级和二级职称教师的数量增长较快，其中一级职称教师的数量增长最快，但是 1995 年开始二级教师的占比开始不断下降。到 2007 年左右，一级教师的数量开始超过二级教师，成为教师职称结构中最大的群体，激励作用凸显。2005 年，二级教师的数量开始减少，而高级和一级教师数量快速增长。由于本科和研究生学历教师占比不断增大，导致职称评聘等级也直接从二级开始，三级职称教师的数量自 2001 年开始快速减少，至 2016 年减至 1%，基本从职称结构中淡出。1990 年以来，未评级教师的数量一直比较平稳，虽然自 2001 年以来有所下降，但是依然占比较高。

（三）普通小学教师的职称结构

从表 6-14 和表 6-15 中可以看出，1991 年时，小学教师职称结构以小教高级、小教一级和小教二级为主，总占比为 72%，其中各级占比比例为 2∶7.4∶5。到了 2016 年，小学教师职称结构以小教高级和小教一级为主，总占比为 82.17%，其中各级占比比例为 5∶3.3，小教高级占教师总量的 49.70%。中教高级一直占比很低，2016 年也只占 2.87%。由于小学教师学历大专化之后，很多教师直接聘任小教一级，也使得小教二级、三级的人数出现了较快的下降，2016 年的总占比为 3.76%。依然有较高比例的未评级教师存在。

表 6-14　1991—2016 年普通小学专任教师各级职称占比（%）

年份	中教高级	小教高级	小教一级	小教二级	小教三级	未评级
1991	0.03	10.57	36.72	24.70	7.17	20.81
1992	0.03	10.40	37.68	25.79	6.62	19.48
1993	0.04	11.84	41.64	24.40	5.34	16.73
1994	0.05	15.25	44.02	22.07	4.15	14.46
1995	0.07	17.56	45.20	20.48	3.39	13.30
1996	0.08	19.67	45.98	18.79	2.80	12.68
1997	0.08	21.68	46.92	17.43	2.12	11.77
1998	0.10	23.41	47.21	16.75	1.54	10.99
1999	0.10	25.42	46.73	16.57	1.21	9.97
2000	0.12	27.16	46.43	16.16	1.09	9.03

续表

年份	中教高级	小教高级	小教一级	小教二级	小教三级	未评级
2001	0.18	29.57	45.87	15.01	0.77	8.60
2002	0.23	32.68	44.90	13.88	0.76	7.54
2003	0.28	35.73	44.45	12.34	0.69	6.52
2004	0.32	38.94	43.68	10.59	0.56	5.90
2005	0.42	42.14	42.40	8.83	0.52	5.69
2006	0.50	45.30	41.29	6.93	0.43	5.55
2007	0.61	47.59	40.21	5.77	0.40	5.43
2008	0.74	49.73	38.61	4.79	0.35	5.78
2009	0.93	51.14	37.26	4.26	0.34	6.06
2010	1.15	51.94	36.15	3.88	0.32	6.56
2011	1.77	52.53	34.89	3.57	0.33	6.91
2012	1.85	52.46	34.53	3.34	0.25	7.57
2013	2.06	52.28	33.67	3.17	0.22	8.60
2014	2.26	51.66	33.13	3.16	0.22	9.57
2015	2.46	50.71	32.95	3.28	0.23	10.36
2016	2.87	49.70	32.47	3.47	0.29	11.21

表 6-15　1991—2016 年普通小学专任教师各级职称人数(人)

年份	中教高级	小教高级	小教一级	小教二级	小教三级	未评级
1991	1 887	584 597	2 031 394	1 366 623	396 625	1 151 126
1992	1 415	574 677	2 082 354	1 425 409	366 122	1 076 514
1993	2 274	657 472	2 311 510	1 354 816	296 714	928 811
1994	3 015	855 632	2 470 054	1 238 511	232 724	811 368
1995	3 687	994 581	2 560 377	1 159 991	192 155	753 266
1996	4 315	1 128 404	2 637 278	1 077 681	160 860	727 252
1997	4 750	1 256 189	2 718 405	1 009 844	122 755	681 618

续表

年份	中教高级	小教高级	小教一级	小教二级	小教三级	未评级
1998	5 642	1 362 300	2 747 562	974 491	89 871	639 524
1999	6 115	1 489 690	2 738 706	971 018	70 908	584 018
2000	7 182	1 591 414	2 720 904	947 192	64 148	529 476
2001	10 398	1 714 351	2 659 260	870 120	44 922	498 695
2002	13 223	1 888 770	2 594 934	802 297	44 113	435 516
2003	15 813	2 037 609	2 534 656	703 780	39 083	371 809
2004	18 277	2 191 733	2 458 818	596 178	31 558	332 296
2005	23 312	2 356 538	2 371 031	493 783	29 328	318 461
2006	28 212	2 530 930	2 307 148	387 455	23 818	309 994
2007	34 001	2 671 043	2 256 727	323 674	22 203	304 915
2008	41 881	2 795 610	2 170 542	269 333	19 479	325 093
2009	52 443	2 881 048	2 099 266	240 237	19 297	341 156
2010	64 653	2 917 267	2 030 389	218 075	17 953	368 754
2011	99 452	2 943 986	1 955 379	199 980	18 510	387 554
2012	103 437	2 929 897	1 928 523	186 585	14 168	422 866
2013	114 805	2 919 927	1 880 106	177 237	12 469	480 100
2014	127 396	2 910 398	1 866 363	178 189	12 628	538 932
2015	139 889	2 883 062	1 873 513	186 614	12 890	589 150
2016	166 014	2 877 403	1 879 750	200 703	16 580	648 695

由图 6-18 和图 6-19 可知，在小学专任教师职称结构人数变化方面，小教高级增长最快，小教一级在发展初期也呈现增长的趋势，并且开始出现少数中教高级教师；而小教二级、小教三级和未评级教师人数逐年下降。小教高级人数从 1992 年开始就一直在增长，并且在 2006 年超过小教一级人数，在 2010 年达到一个较平稳的状态；小教一级人数的变化呈现倒 U 形的变化趋势，且在近几年趋向平稳。

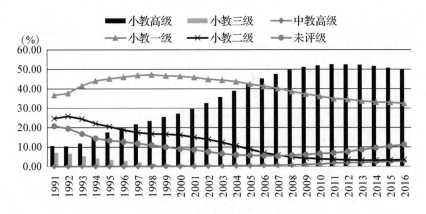

图 6-18　1991—2016 年小学专任教师职称结构的变化

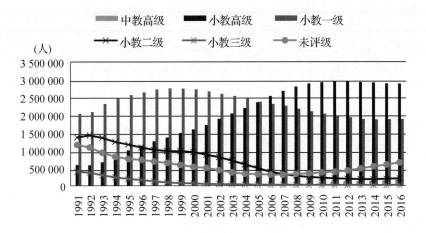

图 6-19　1991—2016 年小学专任教师各级职称人数的变化

未评级人数波动较小，但是从 2010 年开始有上升的趋势。小学专任教师职称结构整体呈现以小教高级和小教一级为主的趋势，中教高级虽然占比很低，但是也开始呈现上升的趋势。这表明职称结构在不断优化，且发挥了激励和引导的功能。

（四）幼儿园教师的职称结构

　　幼儿园教师职称的评定也是国家对幼儿园教师专业化和专业能力的一种认可。但是从已有的统计数据来看，幼儿园专任教师职称的评定和发展情况，并不符合教师专业发展的需求。从表 6-16 和表 6-17可以看出，2001 年幼儿园专任教师已评职称的占教师总量的 51.73%，而未评级教师占到了 48.27%；至 2016 年，已评级教师只占 26%，未评级教师占 74%。

表 6-16　2001—2016 年幼儿园专任教师各级职称占比（%）

年份	中教高级	小教高级	小教一级	小教二级	小教三级	未评级
2001	0.22	11.27	25.71	12.65	1.88	48.27
2002	0.27	12.54	25.17	11.71	1.88	48.44
2003	0.26	13.20	23.54	10.57	1.74	50.69
2004	0.33	13.70	22.25	9.73	1.55	52.43
2005	0.33	13.86	21.07	8.56	1.48	54.70
2006	0.35	14.36	20.12	7.80	1.34	56.03
2007	0.28	14.45	19.36	6.93	1.28	57.70
2008	0.29	14.50	18.32	6.41	1.23	59.25
2009	0.33	13.81	16.97	5.83	1.11	61.94
2010	0.37	12.85	15.56	5.23	1.04	64.94
2011	0.44	11.66	14.57	4.67	1.10	67.57
2012	0.39	10.93	14.05	4.16	0.84	69.65
2013	0.36	10.11	13.10	4.15	0.80	71.48
2014	0.37	9.46	12.66	4.45	0.78	72.27
2015	0.38	8.60	12.10	4.72	0.82	73.38
2016	0.40	7.92	11.86	4.85	0.90	74.06

表 6-17　2001—2016 年幼儿园专任教师各级职称人数（人）

年份	中教高级	小教高级	小教一级	小教二级	小教三级	未评级
2001	1 198	61 549	140 430	69 095	10 267	263 664
2002	1 515	71 607	143 755	66 890	10 748	276 712
2003	1 622	80 878	144 271	64 773	10 660	310 652
2004	2 177	89 914	145 964	63 851	10 201	343 976
2005	2 395	100 001	152 022	61 803	10 686	394 702
2006	2 723	111 466	156 238	60 539	10 425	435 100
2007	2 306	119 469	160 023	57 316	10 568	477 083
2008	2 627	130 248	164 628	57 641	11 032	532 376
2009	3 245	136 171	167 336	57 521	10 958	610 658
2010	4 209	147 054	178 093	59 858	11 941	743 070
2011	5 769	153 397	191 706	61 376	14 458	888 928
2012	5 729	161 675	207 767	61 463	12 361	1 030 242
2013	6 055	168 235	217 879	69 012	13 246	1 189 060
2014	6 879	174 535	233 507	82 027	14 421	1 332 779
2015	7 713	176 449	248 128	96 784	16 876	1 505 071
2016	9 017	176 870	264 685	108 198	20 140	1 653 157

进一步分析 2001—2016 年各级职称教师人数和占比的变动情况，我们可以有更全面的了解。如图 6-20 和图 6-21 所示，各级职称人数的变动都非常平缓，小教一级教师一直是幼儿园教师中最多的。而未评级教师的数量从 2005 年开始迅速增加，且增加的速度越来越快。幼儿园教师总量增加了，但是未评级人数却不断上升，说明已有的幼儿园教师编制制度与幼儿园教师规模的发展是不协调的。

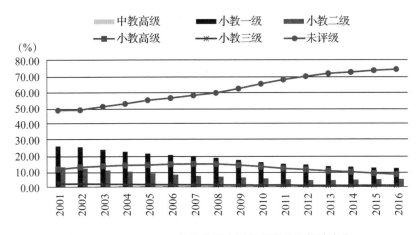

图 6-20　2001—2016 年幼儿园专任教师职称结构的变化

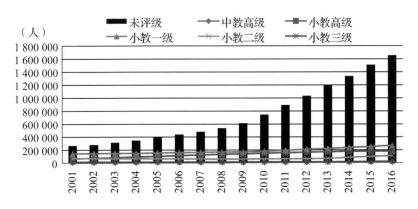

图 6-21　2001—2016 年幼儿园专任教师各级职称人数的变化

第四节　教师的年龄结构

一、教师年龄结构的含义

所谓年龄结构是指教师队伍的年龄构成，它反映了教师队伍的活力与发展前景，是保证教育工作连续性的前提。教师年龄结构合理与否，直接关系到教育的发展潜力，也关系到总体教育质量的提高。

人的一生有一个从成长到成熟，再到衰老的过程。人的能力开始随着年龄的增长而增长，到一定年龄后，由于生理这一自然规律的作用，人的能力则转为随年龄的增长而下降，这个处于转折点的年龄，叫"能力转折点"。科学研究表明，体力劳动者的能力转折点是 35 岁，脑力劳动者的能力转折点是 45 岁。因此，多数学者认为教师队伍合理的年龄结构应以中年教师为主体，老、中、青年教师要保持一定比例，通过以老带新、老中青搭配，发挥教师群体的最佳效能。

二、改革开放以来各级各类学校教师年龄结构的变化

(一)普通高校教师年龄结构

从表 6-18、图 6-22、图 6-23 中可以看出，各年份各年龄段专任教师的占比是不断变化的。1987—2016 年，40 岁及以下的教师占比都相对比较突出，但是内部结构却发生了变化：1987—2010 年，30 岁及以下教师一直占主体；但是从 2011—2016 年，31～40 岁的教师占比开始突出，30 岁及以下教师占比甚至低于 41～45 岁教师，46～55 岁教师的占比也非常突出，这与高校教师学历结构的提高有一定的关联。1987 年，50 岁以上教师占比 24.72%，41～50 岁教师占比 23.85%，40 岁及以下教师占比 51.43%，老中青教师比例近似为 1：1：2；2016 年，50 岁以上教师占比 18.54%，41～50 岁教师占比 26.47%，40 岁及以下教师占比 54.99%，老中青教师比例近似为 0.7：1：2.1。从结构比例来看，普通高校教师年龄结构一直是比较稳定且合理的。

2000 年之后，各年龄段的教师几乎都比前期有所增长，这主要是由于扩招而带来的对教师的一种急迫需求；而且，31～40 岁教师人数的增加更加显著，说明这个年龄段的教师人群是普通高校的主要吸纳对象。

表 6-18　1987—2016 年普通高校专任教师各年龄段占比（％）

年份	30 岁及以下	31～35 岁	36～40 岁	41～45 岁	46～50 岁	51～55 岁	56～60 岁	61 岁及以上
1987	34.61	10.59	6.23	8.82	15.03	14.87	6.71	3.14
1988	35.06	12.20	6.30	8.23	12.83	15.85	7.20	2.33
1989	35.55	12.70	6.59	7.43	10.89	16.66	7.96	2.21
1990	35.82	12.88	7.22	7.04	9.75	16.37	8.75	2.18
1991	36.04	12.73	8.24	6.26	8.98	15.37	10.15	2.23
1992	35.59	12.89	9.62	5.83	8.39	13.78	11.61	2.30
1993	33.07	15.00	10.92	6.03	7.76	12.19	12.69	2.35
1994	30.09	18.79	11.53	6.37	7.13	10.53	13.12	2.44
1995	28.11	22.20	11.64	6.84	6.76	9.32	12.70	2.42
1996	26.79	24.89	11.49	7.85	6.12	8.67	11.64	2.54
1997	26.73	25.98	11.36	9.01	5.66	8.06	10.50	2.70
1998	27.55	24.70	13.16	10.15	5.72	7.30	8.71	2.71
1999	27.58	22.12	16.99	10.61	5.99	6.77	7.54	2.40
2000	27.76	19.83	20.15	10.63	6.58	6.26	6.50	2.28
2001	27.98	18.46	21.94	10.51	7.36	5.62	5.86	2.28
2002	27.98	18.25	22.68	10.27	8.27	5.10	5.27	2.18
2003	28.44	18.59	20.95	11.40	8.91	4.99	4.70	2.01
2004	28.69	18.58	18.80	13.74	9.01	5.07	4.20	1.92
2005	28.69	18.58	18.80	13.74	9.01	5.07	4.20	1.92
2006	29.76	18.58	15.99	16.72	8.08	5.51	3.40	1.95
2007	29.91	18.61	15.75	17.18	7.67	5.91	3.09	1.88
2008	28.89	18.89	16.30	16.45	8.40	6.28	3.10	1.70
2009	27.29	19.72	16.46	15.35	10.12	6.36	3.12	1.57
2010	25.05	21.17	16.57	14.37	11.73	6.18	3.30	1.64
2011	22.77	22.38	16.64	13.82	13.10	6.08	3.57	1.65
2012	20.39	23.67	16.83	13.83	13.91	5.93	3.92	1.53
2013	15.79	24.33	17.79	14.57	13.04	8.04	4.60	1.83
2014	14.47	23.32	19.08	14.78	12.16	9.77	4.54	1.87
2015	13.69	21.81	20.37	14.88	11.67	11.14	4.43	2.01
2016	13.05	20.29	21.65	14.85	11.62	12.07	4.32	2.15

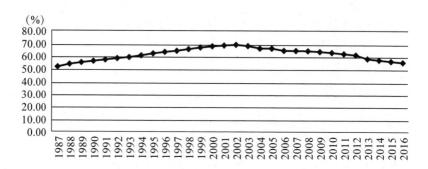

图 6-22　1987—2016 年普通高校专任教师 40 岁及以下人数占比的变化

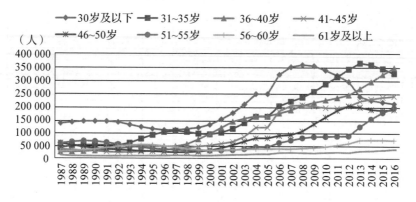

图 6-23　1987—2016 年普通高校专任教师各年龄段人数的变化

（二）普通中学教师年龄结构

从表 6-19、图 6-24、图 6-25 可以看出，1991 年，25 岁及以下教师占比最高；从 1993 年开始，26～30 岁教师占比超过 25 岁及以下教师。1991 年，50 岁以上教师占比 10.30％，41～50 岁教师占比 19.25％，40 岁及以下教师占比 70.47％，老中青教师比例近似为 1∶2∶7；2016 年，50 岁以上教师占比 12.99％，36～50 岁教师占比 53.01％，35 岁及以下的青年教师占比仅为 34.00％，老中青教师比例近似为 1∶4.1∶2.6。从结构比例来看，全国普通中学教师年龄结构逐渐趋于中老年化。

表 6-19 1991—2016 年普通中学专任教师各年龄段占比(%)

年份	25 岁及以下	26～30 岁	31～35 岁	36～40 岁	41～45 岁	46～50 岁	51～55 岁	56～60 岁	61 岁及以上
1991	24.83	22.05	12.62	10.97	10.49	8.76	7.79	2.43	0.08
1992	24.45	23.54	12.23	11.12	9.64	8.57	7.73	2.67	0.06
1993	23.13	24.48	12.94	11.35	8.94	8.60	7.51	3.00	0.05
1994	21.57	24.96	14.50	11.21	8.56	8.61	7.18	3.32	0.09
1995	21.59	25.19	15.83	10.52	8.35	8.32	6.71	3.40	0.09
1996	21.58	25.17	17.28	9.90	8.38	7.79	6.35	3.46	0.09
1997	21.55	24.96	18.91	9.40	8.49	7.06	6.14	3.38	0.11
1998	21.43	24.84	19.73	9.81	8.62	6.40	5.94	3.11	0.11
1999	21.36	24.26	20.20	10.96	8.45	6.07	5.72	2.84	0.13
2000	20.45	24.02	20.85	12.30	8.06	5.85	5.61	2.71	0.15
2001	19.45	24.43	21.35	13.84	7.25	5.79	5.16	2.54	0.20
2002	18.40	24.47	21.35	15.28	7.07	6.03	4.70	2.49	0.21
2003	17.48	24.32	21.51	16.00	7.48	6.22	4.30	2.50	0.19
2004	16.25	24.23	21.26	16.76	8.60	6.19	4.07	2.46	0.17
2005	14.61	24.05	21.36	17.47	9.85	5.96	4.09	2.46	0.15
2006	13.19	23.57	21.52	18.03	11.19	5.72	4.27	2.38	0.14
2007	11.45	23.11	21.86	18.34	12.73	5.62	4.59	2.19	0.11
2008	9.61	22.86	22.00	18.79	13.70	6.07	4.87	2.02	0.09
2009	8.34	21.85	22.20	18.81	14.66	7.15	4.96	1.95	0.08
2010	7.52	20.73	22.28	18.99	15.42	8.27	4.72	1.99	0.07
2011	6.81	19.23	21.94	19.24	16.21	9.76	4.56	2.17	0.07
2012	6.25	17.83	21.67	19.59	16.61	11.23	4.43	2.33	0.06
2013	4.09	14.94	21.08	20.24	17.23	13.26	6.06	3.02	0.07
2014	3.72	14.05	19.92	20.37	17.38	14.20	7.30	2.99	0.07
2015	3.47	13.62	18.81	20.17	17.57	14.86	8.57	2.86	0.07
2016	3.40	13.15	17.45	19.86	17.91	15.24	10.14	2.77	0.08

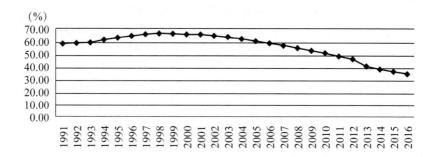

图 6-24　1991—2016 年普通中学专任教师 35 岁及以下人数占比的变化

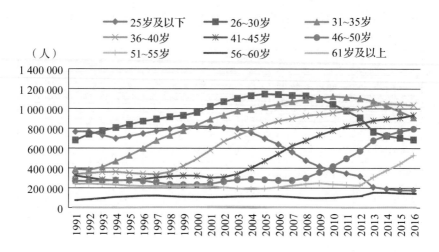

图 6-25　1991—2016 年普通中学专任教师各年龄段人数的变化

从 1991 年开始，26～35 岁的教师人数是最先快速增长的群体；从 1997 年开始，36～40 岁的教师人数开始快速增长，2001 年 41～55 岁的教师人数开始快速增长。由此可见，中学教师群体主要是在 1990 年开始发展起来的。从 2001 年开始，35 岁及以下教师人数开始逐年下降。35 岁及以下教师是中青年教师群体的重要补充力量，但是从变化趋势如此，中学教师群体的新生力量供给不足，长期来看，会导致普通中学教师队伍的老龄化趋势。

（三）普通小学教师年龄结构

从表6-20、图6-26、图6-27、图6-28中可以看出，1991—2003年，25岁及以下教师占比最高；2004年，26～30岁教师占比超过25岁及以下教师；2005—2010年，26～35岁教师成为小学教师中的主体部分；2010—2016年，31～40岁教师成为占比最高的教师群体。由此可见，1991—2016年，小学教师群体开始向中间年龄组迁移。

表6-20 1991—2016年普通小学专任教师各年龄段占比（%）

年份	25岁及以下	26～30岁	31～35岁	36～40岁	41～45岁	46～50岁	51～55岁	56～60岁	61岁及以上
1991	17.21	15.98	16.42	16.28	13.48	11.30	7.38	1.87	0.09
1992	17.70	15.84	15.34	16.54	13.42	11.13	7.99	1.98	0.07
1993	17.74	15.25	14.93	16.78	13.55	11.00	8.54	2.15	0.06
1994	17.54	14.66	14.81	16.62	13.83	11.05	9.01	2.41	0.06
1995	17.63	14.36	14.76	15.83	14.17	11.25	9.31	2.64	0.06
1996	17.90	14.46	14.61	14.75	14.56	11.38	9.30	2.99	0.06
1997	18.11	14.44	14.53	13.54	15.06	11.50	9.33	3.41	0.06
1998	18.65	14.75	14.05	12.89	15.36	11.51	9.09	3.64	0.06
1999	19.49	14.78	13.53	12.86	15.14	11.60	8.85	3.70	0.05
2000	19.64	14.82	13.25	13.06	14.43	11.87	9.04	3.83	0.05
2001	19.47	14.59	12.55	12.87	13.19	13.14	9.98	4.13	0.07
2002	18.72	15.16	13.01	13.09	12.12	13.86	10.02	3.97	0.06
2003	17.16	15.90	13.75	12.65	11.83	14.48	10.24	3.92	0.06
2004	15.19	16.88	14.26	12.31	12.32	14.48	10.53	3.99	0.05
2005	13.08	17.95	14.79	12.36	12.80	13.63	11.07	4.26	0.05
2006	11.16	18.62	15.20	12.76	13.22	12.57	11.86	4.56	0.05
2007	9.37	18.96	15.78	13.26	13.55	11.50	12.77	4.76	0.04

续表

年份	25 岁及以下	26～30 岁	31～35 岁	36～40 岁	41～45 岁	46～50 岁	51～55 岁	56～60 岁	61 岁及以上
2008	7.98	18.99	16.43	13.95	13.18	11.10	13.39	4.93	0.03
2009	7.19	18.10	17.40	14.40	12.71	11.54	13.42	5.20	0.03
2010	6.87	17.04	18.40	14.89	12.72	12.09	12.52	5.44	0.03
2011	6.65	15.67	19.05	15.32	13.11	12.68	11.50	5.98	0.04
2012	6.66	14.76	19.44	15.87	13.56	13.06	10.32	6.30	0.03
2013	4.95	13.19	18.79	17.22	14.35	12.41	11.05	7.99	0.05
2014	5.03	13.35	17.67	18.04	14.64	12.22	11.45	7.54	0.05
2015	5.07	14.01	16.66	18.63	14.77	12.38	11.70	6.72	0.06
2016	5.26	14.43	15.70	18.86	15.09	12.66	12.10	5.83	0.07

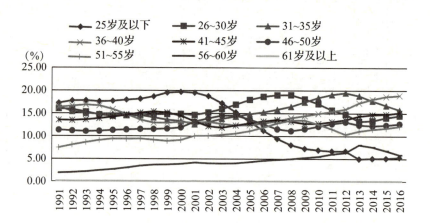

图 6-26　1991—2016 年普通小学专任教师年龄结构的变化

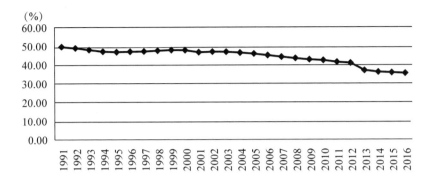

图 6-27　1991—2016 年普通小学专任教师 35 岁及以下教师占比的变化

1991 年，50 岁以上教师占比 9.34％，41～50 岁教师占比 24.78％，40 岁及以下教师占比 65.89％，老中青教师比例近似为 1∶2.8∶7.3；2016 年，50 岁以上教师占比 18.00％，41～50 岁教师占比 27.75％，40 岁及以下教师占比 54.25％，老中青教师比例近似为 1∶1.6∶3。从结构比例来看，全国小学教师年龄结构逐渐趋于合理。但是，2016 年，35 岁及以下教师只占 35.39％，和中学教师年龄结构一样，明显会导致后期中坚力量的供给不足。

从 1991 年开始，各年龄段教师人数都开始明显增长；2001 年开始，25 岁及以下的教师人数开始快速减少，直到 2016 年才开始趋于缓和；2009 年开始，26～30 岁教师人数开始快速减少，36 岁以上教

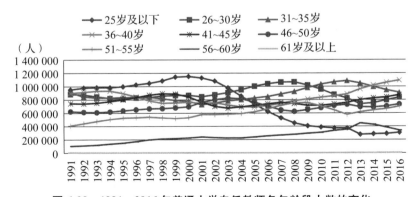

图 6-28　1991—2016 年普通小学专任教师各年龄段人数的变化

师逐步增长。由此可见，小学教师开始进入以中年群体为主的发展状态。

第五节　教职工结构

专任教师是指学校中直接从事教育、教学工作的专业人员，职员是指从事学校管理工作的人员，教学辅助人员是指学校中主要从事教学实验、图书、电化教育以及卫生保健等教学辅助工作的人员，工勤人员是指学校后勤服务人员。本部分对各级各类学校教职工的构成进行统计和分析。

一、普通高校教职工结构

由表 6-21 和图 6-29 可知，一直以来，我国高校的专任教师仅占教职员工的 40％左右，而行政、教辅及其他人员的比重高达 60％，远超过专任教师比例。这一比例从改革开放初期一直持续到 2000年，几乎没有发生变化，直到 2004 年专任教师人数显著增加，使高校专任教师的比例超过 50％。2005—2016 年，专任教师所占比例持续增加，到 2016 年达到 66.62％。

表 6-21　1978—2016 年普通高校教职工占比（％）

年份	专任教师	行政、教辅及其他人员
1978	39.78	60.22
1979	41.26	58.74
1980	39.06	60.94
1981	37.50	62.50
1982	39.32	60.68
1983	39.68	60.32
1984	39.18	60.82

续表

年份	专任教师	行政、教辅及其他人员
1985	39.54	60.46
1986	39.68	60.32
1987	41.95	58.05
1988	39.57	60.43
1989	38.47	61.53
1990	39.25	60.75
1991	38.74	61.26
1992	38.24	61.76
1993	37.97	62.03
1994	38.10	61.90
1995	38.51	61.49
1996	38.86	61.14
1997	39.21	60.79
1998	39.56	60.44
1999	39.97	60.03
2000	41.59	58.41
2001	43.80	56.20
2002	47.44	52.56
2003	49.89	50.11
2004	53.29	46.71
2005	55.44	44.56
2006	57.45	42.55
2007	59.15	40.85
2008	60.33	39.67
2009	61.34	38.66
2010	62.28	37.72
2011	63.17	36.83
2012	63.89	36.11
2013	65.19	34.81

续表

年份	专任教师	行政、教辅及其他人员
2014	65.70	34.30
2015	66.37	33.63
2016	66.62	33.38

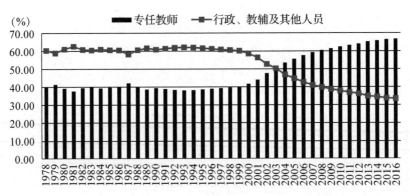

图 6-29   1978—2016 年普通高校教职工结构的变化

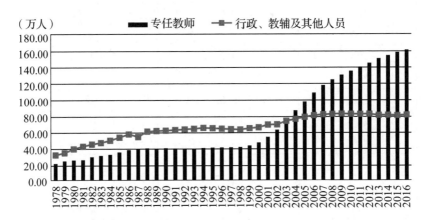

图 6-30   1978—2016 年普通高校教职工人数的变化

由图 6-30 可以看出，从 2005 年开始，行政、教辅及其他人员的数量开始趋于稳定，但是专任教师的人数还在稳步上升，这也与高校学生规模扩大和教育质量提升的高等教育发展的需求是一致的。

二、普通中学教职工结构

表 6-22 表明，与我国普通高校的情况相反，我国普通中学专任
教师的比例远高于行政、教辅及其他人员，达到 80％左右。该比例
在 20 世纪 80 年代曾一度有所降低，但到 1995 年又开始上升，到
2000 年已恢复到改革开放初期的水平，且还在不断增长。从 1995 年
开始，专任教师人数和行政、教辅及其他人员的人数开始沿不同方
向进行变化，专任教师人数进入快速增长的路径，而行政、教辅及
其他人员开始缓慢减少。2016 年，专任教师占比 88.54％，这也表
明教育的质量在逐步提升。

表 6-22　1978—2016 年普通中学教职工占比（％）

年份	专任教师	行政、教辅及其他人员
1978	81.23	18.77
1979	79.49	20.51
1980	77.49	22.51
1981	75.93	24.07
1982	74.83	25.17
1983	74.45	25.55
1984	73.77	26.23
1985	76.55	23.45
1986	76.58	23.42
1987	75.28	24.72
1988	75.95	24.05
1989	75.81	24.19
1990	75.99	24.01
1991	76.22	23.78
1992	76.38	23.62

续表

年份	专任教师	行政、教辅及其他人员
1993	76.62	23.38
1994	77.16	22.84
1995	77.63	22.37
1996	78.31	21.69
1997	78.99	21.01
1998	80.00	20.00
1999	80.79	19.21
2000	81.56	18.44
2001	81.34	18.66
2002	82.03	17.97
2003	82.54	17.46
2004	83.00	17.00
2005	83.41	16.59
2006	83.85	16.15
2007	84.46	15.54
2008	85.02	14.98
2009	85.65	14.35
2010	86.04	13.96
2011	79.73	20.27
2012	79.64	20.36
2013	79.80	20.20
2014	87.85	12.15
2015	88.09	11.91
2016	88.54	11.46

用具体人数的变化来表示，由图 6-31 可以看出，改革开放以来，中学教职工队伍中，行政、教辅及其他人员的数量是比较稳定的，但是专任教师的数量除个别年份外均是在逐年上升的。

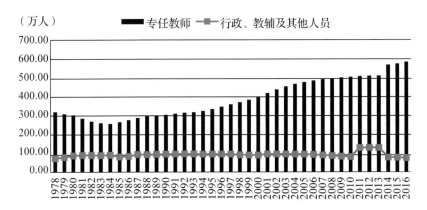

图 6-31 1978—2016 年普通中学教职工人数的变化

三、普通小学教职工结构

由表 6-23 和图 6-32 可以看出，1978—2010 年，我国小学专任教师和行政、教辅及其他人员的比例和数量都比较稳定，专任教师的比例基本保持在 90% 左右，改革开放初期虽然有小幅下降，但是从 1988 年开始逐步上升；而行政、教辅及其他人员所占比例较低，基本稳定在 10% 左右。2010 年以后，由于九年一贯制和十二年一贯制学校的出现，行政、教辅及其他人员的统计口径发生改变，所以没有对这些年的数据进行归并分析。

表 6-23 1978—2010 年普通小学教职工占比（%）

年份	专任教师	行政、教辅及其他人员
1978	92.99	7.01
1979	91.61	8.39
1980	90.83	9.17
1981	90.51	9.49

续表

年份	专任教师	行政、教辅及其他人员
1982	90.05	9.95
1983	89.52	10.48
1984	89.05	10.95
1985	89.30	10.70
1986	89.27	10.73
1987	89.30	10.70
1988	89.56	10.44
1989	89.49	10.51
1990	89.45	10.55
1991	89.32	10.68
1992	89.15	10.85
1993	89.28	10.72
1994	89.47	10.53
1995	89.56	10.44
1996	89.82	10.18
1997	90.01	9.99
1998	90.28	9.72
1999	90.56	9.44
2000	90.79	9.21
2001	90.88	9.12
2002	91.15	8.85
2003	91.16	8.84
2004	91.21	8.79
2005	91.21	8.79
2006	91.31	8.69
2007	91.51	8.49

续表

年份	专任教师	行政、教辅及其他人员
2008	91.67	8.33
2009	91.81	8.19
2010	91.93	8.07

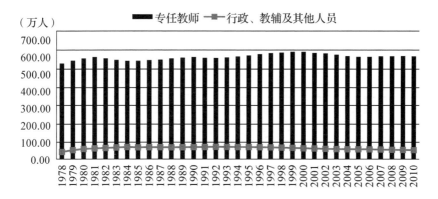

图 6-32　1978—2010 年普通小学教职工人数的变化

四、幼儿园教职工结构

我国幼儿园的教职工类别分为园长、教师和保健员。2010 年以后增加了保育员和代课教师部分的统计，导致统计口径发生改变，因此我们没有将 2010 年后的数据并入分析。由表 6-24 和图 6-33 可知，园长的数量相对比较稳定，但是也在小幅上升，说明幼儿园的数量在缓慢扩张。教师一直是幼儿园教职工的主体，但是从 2002 年开始，虽然其绝对数量在上升，但是相对于前期的专任教师占比有所下降。保健员工作已经越来越被幼儿园所重视，因此保健员人数有所上升，到 2010 年所占比例也达到 10% 左右。

表 6-24   1981—2010 年幼儿园教职工占比（％）

年份	园长	教师	保健员
1981	6.45	87.09	6.45
1987	6.52	87.46	6.01
1988	6.53	87.52	5.94
1989	6.62	87.02	6.36
1990	6.59	87.75	5.66
1991	6.65	88.24	5.10
1992	9.07	83.60	7.33
1993	6.50	88.13	5.36
1994	6.96	87.62	5.42
1995	7.02	87.42	5.56
1996	7.15	87.03	5.83
1997	7.56	86.37	6.07
1998	7.90	86.12	5.98
1999	8.37	85.44	6.19
2000	8.91	84.83	6.25
2001	12.32	80.22	7.46
2002	12.30	79.79	7.91
2003	12.45	79.31	8.23
2004	12.45	78.96	8.59
2005	12.48	78.65	8.87
2006	12.31	78.51	9.18
2007	11.91	78.65	9.44
2008	11.67	78.58	9.74
2009	11.34	78.77	9.89
2010	10.99	78.07	10.94

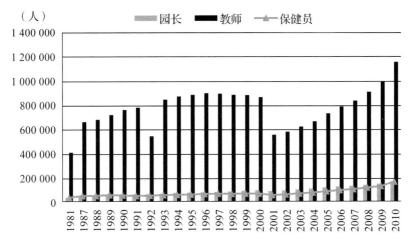

图 6-33　1981—2010 年幼儿园教职工人数的变化

　　本章除了对教师人力资本存量进行分析外，在第五节中还尝试对教师要素的结构进行较为细致的分析。专任教师、管理者和教辅人员的比例的变化，背后有两个主要的因素：一是学校规模的扩大，会使管理者（校长和园长）的数量相对变少；二是学校管理的规范化和程序化水平提高，会带动教辅人员在教师队伍中的占比增加。

　　从目前的格局来看，这种教师要素的配置变化并没有发生。在中小学阶段，还呈现专任教师相对于行政和教辅人员的比例增加的状况，这在一定程度上可以解释为专任教师在教学之余，要承担更多的行政管理职责。当然，从宏观数据上得出的趋势，还需要更多的微观调查才能最终确认。

　　教师，是教育过程中最重要的要素，也是最昂贵的要素，在中小学教育经费支出中，教师工资构成了支出的主要部分。但是，如何使用这一部分昂贵的、重要的投入要素？应该说，这是建立有效的教育支持体系的重要政策命题。本章通过统计数据的分析，也基本上揭示了我国中小学和高等教育教师队伍的人力资本存量情况。学历、培训、经验和迁移是形成人力资本的主要途径，也是提高教师教学能力的主要方式。当这些方式的效果都趋于衰减的时候，寻找新的形成途径就成为必然，需要深入学校生产过程，去发现和识别这种途径。

20 世纪 60 年代，人力资本理论提出。这一理论开辟了关于人类的生产能力研究的新思路，在经济理论上改变了以物质资本投资为主导的理论格局。在随后近 60 年的发展过程中，经济学家为探索人力资本的结构、积累途径、测度、存量与增量等视角，形成众多的研究成果。人力资本理论本身也随着对人的认识的全面深化，而逐步得到了深入的发展。相应地，教师质量和提高教师人力资本水平的努力，主要集中在教师的规模、学历、经验上，希望通过教育、培训、在职学习和交流，提高教师的人力资本水平。

近几年学者们对人力资本理论又有了新的发展，诺贝尔经济学奖获得者詹姆斯·赫克曼(James Heckman)提出了新人力资本理论。他将人力资本区分为认知和非认知两个部分，并从理论与实证层面上清楚观察到两者的互动关系及其对个人成就的影响。认知技能对教育和劳动市场结果有重要作用(Heckman, 1995)，非认知技能同样对这些结果有重要作用，但因为难以测量所以常被人们忽略(Heckman et al. , 2004)。

20 世纪 80 年代以来，国际社会对教师质量以及教师短缺产生了深深的焦虑，在传统的人力资本框架下的政策尝试已经在各国用不同的方式进行了实验，并在一些基本问题上达成共识。教师首先必须具备必要的智力和知识。在达到一定的智力和知识水平以后，智力和知识水平就不再是影响教学效果的重要因素，教师的职业能力(思维的条理性、逻辑性，口头表达能力，组织能力等)将对教学效果产生重要影响。而教师达到必要的智力、知识水平，又具备了职业能力之后，教师自身的人格、道德品质、工作态度、职业价值观等心理品质就成为影响学生学习和成长的重要因素。这些主观特征是否能够随着测量技术的不断发展，成为新的人力资本指标？这实际上提出了目前统计指标和调查指标混合使用的新的指标分析技术。

后　记

　　教育指标是我们描述宏观教育事业发展、认识教育事业发展内部结构特征的工具。在纪念改革开放 40 年之际，推出《中国教育改革开放 40 年：关键数据与国际比较卷》具有特殊的意义。一方面，它让我们有机会再次回忆当年波澜壮阔的"普九"攻坚，"穷国办大教育"的众志成城，在一些关键指标上，我们一路向前，缩小了和发达国家的差距，成为与发达国家"可比"的国家。另一方面，这些指标显示，在改革开放 40 年之际，中国教育事业也面临着艰巨的转型，从规模扩张走向全面的结构调整，当年的社会动员战略和工作方式都需要改变，从可见的大发展、大扩张，走向细致的供给结构调整、供给体制探索和教育需求干预。

　　站在内涵式发展的关键点上，《中国教育改革开放 40 年：关键数据与国际比较卷》还具有学术意义。在扩张阶段，教育指标的作用一直是描述发展和增长，于是，在很多人的眼里，指标的作用便是描述规模和结构比例的变化。事实上，指标的设计是和关键的政策问题结合在一起的。当教育事业走向内涵式发展道路时，指标的设计理念也要因此发生变化，指标还要能回答教育事业发展需要多少资金、多少教师，有多少学龄儿童进入哪一级教育。但是，指标更需要回答的问题是：家庭和各级政府分别担负了多少，这样的分担对于家庭的代价感是多少，分布如何？教师的工作时间在教学、辅助工作和学生发展方面的支持分别是多少？在高中和大学越来越普及的时候，没有上高中和大学的是哪些人？年轻人从义务教育到高中和大学的过程，有哪些入学模式？教育指标在分析教育政策和监测教育事业发展方面的功能还远未呈现出来，需要学术界更多地理解教育政策的信息基础的重要意义。

在纪念改革开放 40 周年的时候，北京师范大学出版社推出"中国教育改革开放 40 年"系列著作，邀请我执笔"关键数据与国际比较卷"，我欣然接受，非常高兴能够与我的同事、老师们一起，纪念我们生活的这个伟大的时代。感谢陈红艳老师，在写作的过程中不断给予我信心，不断催促我、鼓励我前行，并一次次容忍我的"落后"。没有她的催促，我不可能在本学期繁重的教学工作中，精心对指标与政策之间的关系，对中国事业发展在国际上的位置，进行系统的梳理。感谢出版社的责任编辑，在如此复杂的数据和图形中，发现问题，纠正不规范之处，其艰巨程度可想而知，让我对编辑工作心生崇敬之心。

感谢我的同事、朋友和学生在写作过程中的参与和支持。感谢我的老领导李仁和副司长、赵江副司长，是他们把我引入对教育指标的研究和分析中。感谢我的学生，他们和我一起探索指标以及时间序列的研究。这本书的出版，是我和我的学生们共同研究的结果。三峡学院曾娅琴副教授参与了整体策划，阮华、周惠负责教师部分的写作，史杰萍、刘爱丽负责教育资源部分的写作，冯健芳完成了第一部分的写作初稿。我本人负责全书的通稿，对全书的质量负责。

祝我们的国家繁荣昌盛，祝我国的教育事业顺利发展。

曾晓东

2018 年 12 月 13 日

图书在版编目(CIP)数据

中国教育改革开放 40 年：关键数据与国际比较卷／曾晓东等著.
—北京：北京师范大学出版社，2019.2
（中国教育改革开放 40 年／朱旭东主编）
ISBN 978-7-303-24411-9

Ⅰ．①中… Ⅱ．①曾… Ⅲ．①教育改革－成就－中国
Ⅳ．①G521

中国版本图书馆 CIP 数据核字(2018)第 272636 号

营 销 中 心 电 话　010-58805072　58807651
北师大出版社高等教育与学术著作分社　http://xueda.bnup.com

ZHONGGUO JIAOYU GAIGE KAIFANG 40 NIAN:GUANJIAN SHUJU YU GUOJI BIJIAO JUAN
出版发行：北京师范大学出版社 www.bnup.com
　　　　　北京市海淀区新街口外大街 19 号
　　　　　邮政编码：100875
印　　刷：北京盛通印刷股份有限公司
经　　销：全国新华书店
开　　本：710 mm×1000 mm　1/16
印　　张：13.75
字　　数：170 千字
版　　次：2019 年 2 月第 1 版
印　　次：2019 年 2 月第 1 次印刷
定　　价：78.00 元

策划编辑：陈红艳　　　　　　　　责任编辑：戴　轶
美术编辑：李向昕　　　　　　　　装帧设计：李向昕
责任校对：包冀萌　　　　　　　　责任印制：马　洁